中等职业学校会展服务与管理专业

会展公共关系

HUIZHAN FUWU YU GUANLI

主编　焦玉翠

北京出版社
山东科学技术出版社

编写说明

加强职业教育教材建设是提高人才培养质量的关键环节，是推进教育教学改革、提高教育教学质量、促进中职教育发展的基础性工程。如何培养满足企业需求的人才，是职业教育面临的一个突出而又紧迫的问题。目前中职教材普遍存在理论偏重、偏难、操作与实际脱节等弊端，突出的是以"知识为本位"而不是以"能力为本位"的理念，与就业市场对中职毕业生的要求相左。

为进一步贯彻落实全国教育工作会议精神、《国务院关于加快发展现代职业教育的决定》(国发〔2014〕19号)、《现代职业教育体系建设规划(2014—2020年)》(教发〔2014〕6号)，北京出版社联合山东科学技术出版社结合各中职学校会展服务与管理专业发展现状及会展行业企业对人才的需求，在市场调研和专家论证的基础上，打造了反映会展行业发展水平、符合职业教育规律和技能人才培养的专业教材。

本套专业教材以教育部最新公布的中等职业学校《会展服务与管理专业教学标准(试行)》为指导思想，以中职学生实际情况为根据，以中职学校办学特色为导向，与具体的专业紧密结合，按照"基于工作流程构建课程体系"的建设思路(单元任务教学)编写，根据会展服务与管理行业的总体发展趋势和企业对高素质技能型人才的要求，构建与会展服务与管理专业相配套的内容体系，涵盖了专业核心课和部分专业(技能)方向课程。本套教材在编写过程中着力体现了模块教学理念和特色，即以素质为核心、以能力为本位，重在知识和技能的实际灵活应用；彻底改变传统教材的以知识为中心、重在传授知识的教育观念。为了完成这一艰巨的任务，我们成立了教材编写委员会，委员会的成员由具有多年职业教育理论研究和实践经验的高校教师、中职教师和行业企业一线专业人士担任。从选题到选材，从内容到体例，都从职业化人才培养目标出发，制定了统一的规范和要求，为本套教材的编写奠定了坚实的基础。本套教材的特点具体如下。

一、教学目标

在教材编写过程中明确提出以"工学结合，理实一体"为编写宗旨，以培养知识与技能为目标，以就业为导向，以提高中职学生职业能力为本位作为基本原则，避免就理论谈理论、就技能教技能，要做到有的放矢，培养技能型的会展服务与管理行业人才。打破传统的知识体系，将理论知识和实际操作合二为一，理论与实践一体化，体现"学中做"和"做中学"。让学生在做中学习，在做中发现规律，获取知识。

二、教学内容

本专业教材将会展服务管理的理论与方法和会展服务的实务与操作相结合。理论与方法部分，按学习和理解的顺序进行编排，以全面提升会展服务的水准和质量为目标来构思及编写；实务与操作部分，按会展直接服务和会展辅助服务分类编排，采用“全面点到、重点展开、大项完整、其余概括”的编写方法，使学习者既能全面掌握、又能分清主次。编写时，一方面，采用最新颁布的行业规范、服务标准，合理选取内容，在突出主流标准、规范的同时兼顾普适性；另一方面，结合会展新知识、新规范、新材料的现实发展要求增删、更新教学内容，重视基础内容与专业知识的衔接。同时，吸收了国内外会展相关理论研究的新成果，突出了中等职业学校教材的应用性、实践性、操作性。

三、教学方法

教材教法是一个整体，在教材中设计以“单元—任务”的方式，通过案例载体来展开，以任务的形式进行项目落实等教学内容，每个任务以“完整”的形式体现，即学生完成一个任务后可以完全掌握相关技能，以提升学生的成就感和兴趣。体现以学生为主体的教学方法，做到形式新颖。通过“教、学、做”一体化，按教学模块的教学过程，由简单到复杂开展教学，实现课程的教学创新。

四、编排形式

教材将知识和案例相结合，引入的案例和设计的活动具有代表性和直观性，既便于教学又便于学习；同时，教材配套有包含相关案例、素材、思考练习答案的光盘以及先进的多媒体课件，强化感性认识，强调直观教学，做到生动活泼。

五、编写体例

每个单元都是以任务驱动、项目引领的模块为基本结构。教材一级栏目包括单元概述、单元目标、学习任务和单元要点归纳。学习任务下按照任务概述、任务目标、学习内容、拓展提高、思考练习层进编排，穿插有特别提示、小贴士、相关知识、案例分析、核心提示等辅助性栏目，提醒操作注意事项、提示工作技巧或介绍行业前沿动态等。其中，“学习内容”是教材中每一个任务教学的主体，充分体现“做中学”的重要性，紧密结合岗位实际，以具有代表性、普适性的案例为载体进行展开，突出了对学生职业素质和能力的培养。

六、专家引领，双师型作者队伍

本系列教材由北京出版社和山东科学技术出版社共同组织具有教学经验及教材编写经验的“双师型”教师编写，参加编写的学校有河北民族师范学院、济南职业学院、武汉市旅游学校、山东电子职业技术学院、广州市轻工学校、青岛酒店管理职业技术学院、广州商务旅游学校、潍坊职业学院、泸州职业技术学院等，并聘请山东省教育科学研究院职业教育研究所副所长邹本杰及山东国际会展管理有限公司董事长、济南舜耕国际会展中心总经理何元清担任教材主审。感谢山东国际会展管理有限公司、《中外会展》杂志社、青岛海展集团等给予技术和资料上的大力支持。

本系列教材，各书既可独立成册，又相互关联，具有很强的专业性。它既是会展服务与管理专业组织教学的强有力工具，也是引导会展服务与管理专业的学习者走向成功的良师益友。

前　言

本教材的编写以中等职业学校《会展服务与管理专业教学标准》为纲，结合岗位技能证书的职业标准、会展行业实际以及学校教学实际情况，以实际工作任务模块为教学项目，通过运用情景模拟、行业真实案例、课后延伸阅读等多种教学手段，使学生从行业真实案例中得到锻炼，在课后拓展提高中得以思考。本教材采用并列和流程相结合的方式来组织编写，突出“工学结合，理实一体”的编写宗旨，打破传统的知识体系，将理论知识和实际操作合二为一，理论与实践一体化，体现“学中做”和“做中学”，让学生在做中学习，在做中发现规律，获取知识。

与同题材教材相比，本教材具有以下三个显著特点。

第一个显著特点是导入大量行业真实案例，除了行业经典案例外，不少案例是编者利用在会展企业挂职锻炼的机会与会展行业同仁交流获取的行业真实案例。这些案例源自会展企业实际操作，具有一定的典型代表性，有助于学生掌握会展公共关系实务，提高职业公关能力。

第二个显著特点是引入行业最新技术。例如，在“项目二　会展接待服务”中附图详细介绍了目前会展活动签到验证服务新技术。这有助于会展专业学生能够接触到行业最新技术，进一步提高会展公关实际操作能力。

第三个显著特点是每个学习任务后有对应的拓展提高栏目。拓展提高部分是对该学习任务的延伸，以备学有余力的学生继续学习，有助于其加深对任务内容的理解，提高会展公关技能运用能力。

尽管本着认真负责的态度，尽最大努力来编写本教材，但由于会展业是一个涉及面广泛、发展极其迅速的行业，加之作者水平有限、编写时间短，书中缺点和不足在所难免，欢迎各位专家及会展业内同行批评指正，以便改进。

编　者

目 录
CONTENTS

项目一　会展公共关系概述

项目概述

公共关系简称“公关”，是一门内求团结、外求和谐发展的经营管理艺术。会展公共关系对会展企业发展至关重要。学习会展公共关系这门课程之前，首先要认识什么是会展关系；清楚地了解会展公共关系的主体、客体、媒介等三要素；明白会展企业公共关系的一般程序。这样才能有针对性地在会展企业内外部开展公关活动，才能真正帮助会展企业树立良好的形象和声誉。

项目目标

- 理解会展公共关系内涵、特征
- 能够分析会展公共关系三要素
- 能够阐述会展公共关系一般程序

学习任务1 初识会展公共关系

任务概述

在本任务中首先要理解会展公共关系的内涵，清楚会展公共关系的特征，明白会展公共关系对会展企业发展的重要作用。本任务最为关键的是真正理解会展公共关系是什么，这对本课程的学习至关重要。

任务目标

- 能够理解会展公共关系的含义
- 能够清楚会展公共关系的特征
- 能够理解会展公共关系的作用

学习内容

一、会展公共关系含义

“公共关系”一词来源于英文中的 public relations，又称为“公众关系”。英文的缩写就是我们平常经常在电视上或者报纸上看到的“PR”，我们国内俗称为“公关”。

那什么是公共关系呢？

自从20世纪中叶公共关系学在美国诞生以来，人们对其认识一直众说纷纭，随着社会发展，其内涵日益丰富。目前，学界对公共关系比较认同的定义是：公共关系是一定社会组织运用传播、沟通等手段在公众中塑造良好形象，建立双向沟通的一门科学和艺术。

西方的一位公关经理曾用一名年轻小伙子追求一位漂亮的姑娘来打比方，生动形象地阐述了公共关系的内涵。他说，如果小伙子对姑娘大献殷勤，起劲儿地表白自己如何喜欢她、欣赏她，这不是公共关系，而是推销。如果小伙子精心修饰自己，并以翩翩风度去吸引姑娘的注意力，这也不是公共关系，而是广告。如果小伙子认定目标，制订计划，埋头苦干，取得了突出的成绩，赢得了大家的好评，而这种赞扬又通过众人之口传入姑娘的耳中，使姑娘对小伙子产生尊敬，继而转为钦佩与爱慕之情，这才是公共关系。

会展公共关系是会展企业或组织为了取得企业（组织）内外部信任与支持，塑造良好的组织形象，运用沟通和传播手段，协调改善自身环境与舆论气氛，使本企业的各种政策、活动、产品符合相关公众需求，实现多方共赢、共同发展的一门科学与艺术。会展公共关系对塑造会展企业良好形象，提高会展企业知名度与美誉度，增强市场竞争力具有重要作用。建立良好的会展公共关系，要求会展企业或组织加强与公众的有效沟通，努力通过公关活动将本企业或组织的良好形象传达给目标公众。会展公共关系具有长期性和战略性，需要会展企业或组织长期不懈的努力来营造。

案例分析

以一个马戏团要在某小镇表演而做的市场活动为例，请同学们体会一下会展公共关系的内涵。

如果你在街上做一个牌子，写上×××马戏团将于×月×日在本镇上演大戏，这就是在做广告。

如果你在马戏团里找一头大象，把这个牌子放在大象的背上，在大街上来回走动，这是在做促销推广。

如果你让背着牌子的大象踏进镇政府大门前的花园，这就是在做炒作。

如果你能让镇长对大象踏进镇政府大门前的花园这件事发表意见，这就是在做公关。

请问：为什么说"如果你能让镇长对大象踏进镇政府大门前的花园这件事发表意见，这就是在做公关"呢？

同学们，通过马戏团不同的市场活动选择，你是否理解了会展公共关系的含义呢？

二、会展公共关系特征

1. 以公众利益为先导

会展公共关系是会展企业或组织与其参展商、专业观众、与会人员、媒体、各种供应商及内部员工等公众之间的相互关系。会展企业或组织对内对外的传播沟通工作，必须要着眼于公众。一切工作均应围绕公众而展开，因此必须把公众利益放到第一位。

2. 以美誉度及良好形象为核心

塑造良好的企业形象、提升组织美誉度是会展企业公共关系的基本目标，也是核心问题。评价会展企业组织形象最基本的指标是知名度与美誉度。知名度是指一个社会组织被公众知道、了解的程度，以及社会影响的广度与深度。比如一个会展组展企业名称、典型代表展会、企业领军人物等信息被行业内公众及社会公众所知晓，那么，则认为这个企业知名度高。值得注意的是，知名度既包括好名声也包括坏名声，有了知名度只能代表公众对其认识度高，但是不能代表公众认可喜欢。一个会展企业有了知名度还远远不够，更重要的是美誉度。美誉度是指一个组织所获取公众信任、好感、接纳和欢迎的程度，是评价组织声誉好坏的社会指标，侧重于"质"的评价，即组织的社会影响的美丑、好坏。即公众对组织的信任和赞美程度。

3. 以长远发展为方针

俗话说，路遥知马力，日久见人心。建立会展企业或组织与公众之间的良好关系，赢得组织的良好声誉，并非一朝一夕就可以完成的，这需要会展企业长期、有计划地持久努力，这是一项长期的战略性任务。会展企业的公关活动应立足于企业的长远发展。

4. 以双向沟通为手段

会展企业公共关系是以真实为基础的双向沟通，而不是单向的。会展企业一方面及时了解搜集信息，了解外部环境变化；另一方面，会展企业又要迅速有效地运用各种传播手段将会展企业各方面的信息传递给相关公众，让相关公众了解认识，获取相关支持与拥护。双向沟通是实现会展目标的最佳方式。

5. 以平等互惠为准则

会展公共关系是以一定利益为基础的。会展企业或组织要想在长期生存发展过程中获取相关组织和公众的长久支持与合作，就要奉行平等互惠的原则，既要实现本企业的目标，又要顾及公众利益，实现共赢。

案例分析

平等互惠帮上海博华展览公司渡过难关

由上海博华展览有限公司主办的2007年第十三届中国国际家具展览会在开展前夕，突发状况发生了。场馆告之电缆短缺，需组展方自行解决。这可愁坏了负责营运部副总经理倪先生，由于事先预算中没有电缆预算，再追加预算已经是不可行的。若是自行购买的话无疑大大增加了公司运营成本，这对展会营运人员尤其是外资企业会展营运人员来说无疑是一处致命硬伤，可能会因为这次展会失误直接影响了其职业生涯发展，可以将这一刻形容为生死时刻。就在这紧急关头，有一家小供应商抵押房产免费供给帮助博华渡过难关。从此这家供应商成了博华以后所有展览会长期电缆供应商，实现双方长期合作供应。经过这个事件以后，营运部的倪总充分认识到公共关系的重要性，认识到与供应商的平等互惠是多么重要。作为采购方的博华，特别注重与供应商的关系，注重与供应商之间建立共赢合作关系。倪总经常说的一句话就是：只有与供应商平等互惠了，关键时刻才会有人救我们。

请问：是什么帮助上海博华展览公司渡过难关的？

三、会展公共关系的作用

1. 收集信息

收集影响会展企业的各类信息，如产品信息、企业形象信息、宏观经济方面信息、竞争者信息等。通过收集信息，提出对企业环境的预警分析和企业形象的评估，供决策者参考。

2. 树立企业形象

通过设计相关的公益活动，制造气氛，引起社会公众的关注和好感，迅速提升企业美誉度。例如可口可乐公司进入中国市场后捐赠中国希望工程，帮助中国援建希望小学，通过支持中国教育事业，使公众对企业逐渐认可和接受。

3. 协调媒体关系

现代社会，大众传媒对人们的生活有很重要的影响。企业公关部门应与各种传播媒体协调好关系，引导社会舆论朝着有利于企业的方向发展，以获取广大公众的赞誉和支持。

4. 协调内外关系

公共关系是内求团结、外求发展的艺术。因此，公共关系职能首先要重视内部关系，做好内部管理信息交流和情感交流，做到政通人和、上下一致；对外要协调好相关公众关系，包括参展商、观众、供应商、政府、杜区等相关利益团体，通过公关一系列活动，能运用利益、形象、信息、特色等吸引广大公众，促使他们理解、信任、偏爱企业，使企业得到和谐发展的外部环境。

5. 处理突发事件

当会展企业遇到突发的危及企业形象的事件时，公共关系工作人员要在第一时间内妥善处理，使不利影响因素降到最低点。危机公关是会展企业危机管理的一部分。

案例分析

“大白兔”4 天成功突围“甲醛门”

2007 年 7 月 16 日，菲律宾宣布，抽查市面多款中国食品样本后，发现其中 4 款食品含甲醛等有害物质，包括中国知名糖果品牌，上海冠生园公司生产的大白兔牛奶糖。此消息于菲律宾 GMA 电视新闻网公布后，美国、新加坡、澳门、香港等多家媒体又做了报道，引起海内外强烈关注，大白兔奶糖的食品安全受到广泛质疑，以致连香港、广州部分超市也将大白兔奶糖撤柜。

在突然遭遇“甲醛门”事件后，冠生园公司迅速开展危机公关，在 4 天时间里就成功”突围”。

事件进程说明如下：

2007 -7 -16，菲律宾禁售大白兔奶糖，要求召回相关产品；

2007 -7 -18，冠生园食品公司声明产品合格，不含有甲醛；

2007 -7 -18，上海质检部门调查大白兔奶糖含甲醛事件；

2007 -7 -19，国际权威机构鉴定大白兔奶糖不含甲醛；

2007 -7 -19，大白兔奶糖在香港、广州部分超市下架；

2007 -7 -20，国家质检总局否认大白兔奶糖添加甲醛；

2007 -7 -20，香港检测大白兔奶糖样品中未发现甲醛；

2007 -7 -21，新加坡检验大白兔奶糖符合安全标准。

在大白兔奶糖“甲醛事件”爆出后，冠生园借助权威机构，快速消除疑虑。借助第三方权威部门发布的、具有普遍公信力的数据，以及对数据的客观解释、分析，应对国际危机事件。新加坡政府的检测机构以及国际公认的权威检测机构 SGS 先后对大白兔奶糖进行了检测，均未检出甲醛……这些“完全一致”的检测结果，让中国产的“大白兔奶糖”含甲醛这一不实说法不攻自破。

随着权威检测报告的公布，海外经销商对“大白兔”的疑虑消除，纷纷来电要货，在经过4天的滞销后，10个货柜的大白兔奶糖被迅速解冻，其中7个发往新加坡、哥斯达黎加、马来西亚、印度、尼泊尔、美国等国家。

请问：“大白兔”4天成功突围“甲醛门”的案例充分说明了公共关系具有何种作用？

拓展提高

公共关系的产生与发展

目前，学术界对公共关系的产生时间有着不同的争论，但一般认为公共关系的产生和发展与现代社会的变迁有密不可分的关系，可以说是现代文明发展的产物。

公共关系起源于美国，而美国的公共关系则起源于其独立战争时期。当时，美国的贵族爱国者与资产阶级保守党为了各自压倒对方，对立的两派想方设法争取公众的支持。特别是在美国内战期间，南北双方的政治集团和军事集团也都把争取公众作为自己工作的焦点。严格来说，这时美国产生的公共关系活动所取得的成功，成为现代公共关系在美国产生和发展的直接原因。此后，公共关系的发展经历了不同的历史阶段。按照时间顺序分别是巴纳姆时期、艾维·李时期、伯内斯时期和现代时期。

1. 巴纳姆时期

美国风行起来的各种组织的报刊宣传活动被认为是公共关系的真正源头。19世纪30年代，在美国报纸传媒掀起了一场“便士报运动”，这场“便士报运动”给那些急于宣传自己、为自己制造神话的公司、组织创造了可乘之机。当时，不少公司和财团雇佣专门人员炮制煽动性新闻，为自己做夸大和虚假的宣传。而报刊则为了迎合下层读者的心理，也乐于发表此类宣传。基于这种配合，便出现了当时的报刊宣传代理活动。

菲尼尔斯·巴纳姆是这一时期最有代表性的报刊代理人，因制造舆论宣传，推动马戏演出而闻名于世。巴纳姆的信条是“凡宣传都是好事”。他是一家马戏团的老板，利用报纸为自己的马戏团制造过不少神话。诸如：马戏团里有一位名叫海斯的黑人女奴，161岁，曾在100年前养育过美国第一位总统乔治·华盛顿；马戏团里有一位矮小的汤姆将军，他当年曾率领一批侏儒，赶着马车去觐见过维多利亚女王等等离奇的故事。于是，人们抱着好奇心纷纷到马戏团一探究竟，结果马戏团的票房收入猛增。当这种骗局被揭穿之后，报刊宣传活动就受到了人们的批评。

因此，在公共关系发展史上，这一时期又被称为“公众被愚弄的时期”“反公共关系的时期”或“公共关系的黑暗时期”。后来，人们以此为鉴，明确了在公共关系活动中必须奉行诚实、公正和维护公众利益的原则和精神。总之，这一时期的公共关系活动已带有一定的组织性和较为明确的目的性。

2. 艾维·李时期

1903 年,美国著名记者艾维·李在美国开办了一家正式的公共关系事务所,标志着现代公共关系的问世。该公共关系事务所是顺应历史潮流而产生的。在 19 世纪下半叶,美国由自由竞争向垄断集中倾斜,这些垄断巨头掌握了美国 3/5 的经济命脉,垄断巨头们的行业分布在铁路、矿山、石油、金融等领域,巨头们为了自己的利益,不惜牟取暴利,损害公众的利益,无视社会道德,引起社会公众的强烈不满。于是,整个社会的阶级矛盾激化,整个社会都充满了对工商巨头的敌意。在此情况下,终于爆发了以揭露工商企业的丑闻和阴暗面为主题的新闻揭丑运动——一些有责任心的记者专门收集、报道工商巨头的丑闻。这一运动在现代新闻史上被称为“揭丑运动”,也叫“扒粪运动”。在 1903 ~ 1912 年期间,各种报刊杂志发表了大量揭丑文章,从而使许多大企业和资本家声名狼藉。垄断财团为了平息风波不择手段,结果适得其反,公众对垄断财团的敌意反而与日俱增,于是,以“说真话”“讲实情”来获得公众信任的主张提了出来,并越来越得到工商界一些开明人士的赞同。

艾维·李就是“说真话”的社会思潮的主要代表人物。艾维·李曾是多家著名报刊的记者。他针对巴纳姆式宣传活动的局限性,提出了“说真话”的宣传思想。他认为一个企业、一个组织要想获得良好的声誉,不是依靠向公众封锁消息或者欺骗行为来愚弄公众,而是必须把真实情况披露于世,把与公众利益相关的所有情况都告诉公众,以此来争取公众对组织的信任。

1903 年,艾维·李开办了一家正式的宣传咨询事务所,从而成为向客户提供公共关系咨询并收取费用的第一位职业公共关系人员。1906 年,艾维·李又向新闻界发表了阐述其活动宗旨的《原则宣言》,成为反映他的基本思想的重要文献。可以说前面我们所谈到的报刊宣传活动与后来 20 世纪的“揭丑运动”共同推动了公共关系发展的步伐。

3. 伯内斯时期

艾维·李是现代公共关系的创始人,但他的公共关系实践却被认为“只有艺术,无科学”,这就是说,他虽然有丰富的实践经验,但没有系统而科学的理论。真正为公共关系奠定理论基础,使现代公共关系科学化的是美国著名的公共关系顾问爱德华·伯内斯。

1913 年,伯内斯曾受聘于美国福特汽车公司担任该公司的公共关系经理。第一次世界大战结束后,他和夫人在纽约开办了公共关系公司。1923 年,伯内斯出版了论述公共关系理论的著作《舆论明鉴》。在该书中,他第一次提出了“公共关系咨询”的概念,该书也成为公共关系学的第一部经典性著作。同年,他在纽约大学首次讲授公共关系课程。之后,又于 1925 年写了教科书《公共关系学》,于 1928 年写了《舆论》,从而使公共关系的基本理论和方法成为一个较为完整的体系。伯内斯是公共关系走向正规化、科学化的关键人物。

4. 现代时期

20 世纪 50 年代以来,公共关系的实践和理论研究都进入了一个全新的现代发展时期。1955 年,国际公共关系协会在英国伦敦正式成立,第一批会员国家遍布世界各个国家和地区。这标志着公共关系已作为一门世界性的行业而独立存在。这一时期,以卡特利普、森特和杰夫金斯为代表的一大批公共关系专家和大师,在理论和实践上把公共关系推向一个新的历史发展阶段。他们提出了一种公关新模式:“双向对称”模式,这个模式的思想出版在了《有效的公共关系》著作中,而这部著作被称为“公关圣经”。与此同时,公共关系的实务活动在全世界不同国家和地区也得到突飞猛进的发展。公关教育的事业也有了相应的发展。迄今为止,美国已有400多所大学开设了公共关系课程。

总之,公共关系在其历史发展过程中,由巴纳姆时期、艾维·李时期、伯内斯时期到卡特利普时期、森特时期和杰夫金斯时期,是一个日趋成熟和不断完善的过程。严格说来,20世纪50年代以后,公共关系的面貌才发生了巨大的变化,才真正走上科学和职业道德规范化的发展道路。

思考练习

一、填空题

1. 我们平常经常在电视上或者报纸上看到的“PR”,我们国内称之为________。
2. 会展公共关系是指会展企业或组织为了取得企业(组织)内外部信任与支持,塑造良好的组织形象,运用________手段,协调改善自身环境与舆论气氛,使本企业的各种政策、活动、产品符合相关公众需求,实现多方共赢共同发展的一门科学与艺术。
3. ________是会展企业公共关系的基本目标,也是核心问题。
4. ________是指一个社会组织被公众知道、了解的程度,以及社会影响的广度与深度。
5. 现代社会,大众传媒对人们的生活有很重要的影响。企业公关部门应与________协调好关系,引导社会舆论朝着有利于企业的方向发展,以获取广大公众的赞誉和支持。

二、选择题

1. 建立会展企业或组织与公众之间的良好关系,赢得组织的良好声誉,并非一朝一夕就可以完成的,这需要会展企业长期、有计划地持久努力。这体现了会展公共关系的(　　)特征。

   A. 以公众利益为先导　　B. 以美誉度及良好形象为核心

   C. 以长远发展为方针　　D. 以平等互惠为准则

2. 下列哪项不是会展公共关系的作用?(　　)

   A. 维护客户形象　　B. 收集信息　　C. 协调内外关系　　D. 树立企业形象

3. 会展公共关系是以一定利益为基础的。会展企业或组织要想在长期生存发展过程中获取相关组织的和公众的长久支持与合作,就要奉行平等互惠的原则。这体现了会展公共关系的什么特征?(　　)

   A. 以公众利益为先导　　B. 以长远发展为方针

   C. 以双向沟通为手段　　D. 以平等互惠为准则

4. 当会展企业一旦遇到突发的危及企业形象的事件时，公共关系工作人员要在第一时间内妥善处理，使不利影响因素降到最低点，(　　)是会展企业危机管理的一部分。

A. 危机管理　　B. 收集信息　　C. 协调内外关系　　D. 树立企业形象

5. 会展企业或组织对内对外的传播沟通工作，必须要着眼于公众。一切工作均应围绕公众而展开，因此必须把公众利益放到第一位。这体现了会展公共关系的什么原则？(　　)

A. 以公众利益为先导　　B. 以长远发展为方针

C. 以双向沟通为手段　　D. 以平等互惠为准则

三、简答题

1. 会展公共关系的特征是什么？
2. 会展公共关系的作用有哪些？

学习任务2 会展公共关系要素

任务概述

在本任务中要清楚会展公共关系三要素分别是什么；识别会展公共关系主体有哪些，客体有哪些；会展公共关系的媒介有哪些。这对我们以后开展公关活动至关重要，只有明确了会展公关主体是谁，清楚了目标观众，才能有针对性地采用不同的传播媒介开展活动。

任务目标

- 理解会展公共关系主体
- 理解会展公共关系客体
- 理解会展公共关系媒介

学习内容

公共关系是企业或组织通过传播沟通等手段在目标公众心目中建立良好社会形象的一门管理艺术和社会科学。在公共关系视野下，会展活动的开展离不开公共关系的指导，即会展公共关系活动应成为会展活动必不可少的组成部分，而会展公共关系活动的开展，首先要明确会展公关要素——会展公共关系的主体、会展公共关系的客体和传播媒介。

一、会展公共关系的主体

公共关系的主体是公共关系活动中处于主导地位的各类社会组织结构,是公共关系活动的策划者和组织实施者。在公共关系中,社会组织对公共关系活动起到决策、发动、组织、实施、控制、管理等决定性作用。具体包括三个层次:社会组织、代表社会组织行使公共关系职能的公共关系机构、代表社会组织具体执行公共关系职能的公共关系人员。

在会展公共关系主体介绍中,我们只着重介绍社会组织。会展公共关系主体就是会展关系活动的发动者,向公共关系可以发动施加影响的各种社会组织团队。会展企业或组织是会展活动的组织者,是会展活动的核心,理所当然是会展公共关系主体。从会展产业链角度来讲,这里的会展公共关系主体企业主要包括上游展览会组展企业、会议策划运营企业,中游会展场馆、会议型酒店,下游企业会展搭建企业。除此之外,会展公共关系另一大主体是会展组织机构——会展行业协会。

二、会展公共关系的客体

会展业关联带动性强,涉及众多行业、机构及个人。政府机构、参展商、专业观众、新闻媒体、酒店、交通、银行、投资者及内部员工等都是会展公共关系客体。其中,政府机构、参展商、专业观众、新闻媒体、内部员工是会展组织重要的公众对象。

1. 政府机构

政府机构是对社会进行统一管理的权力机构,具有权威性,政府和组织之间是管理与被管理的关系。协调维系与政府的关系非常有必要,一个组织能得到政府的认可和支持,则就有可能得到社会大众的认可和支持。因此,组织要尽可能向政府表明对社会和政府的积极作用,扩大在政府心目中的影响,得到政府的支持。

会展企业与政府之间的良好的公共关系有助于会展企业拥有更佳的生存发展环境。我国对会展业的管理沿用的是展会审批制,即一个展会从立项到实施,必须接受国家有关批准单位审批,审批机关涉及工商、税务、卫生防疫、海关、公安、消防、交通,环保、市容监察。因此,如何妥善处理好与政府及上级管理部门的关系,是展会组织者一项长期而重要的工作。

2. 参展商

参展商能够为会展企业带来直接的经济利益。因此,在会展活动中要时刻考虑参展商的利益,满足参展商的需求,想其所想,急其所急,使会展企业与参展商实现共赢。这样才能保障会展活动的顺利进行,促进会展企业长期稳定发展。

3. 专业观众

专业观众和参展商是会展组展企业必不可少的两部分,好似是一个人的双脚,缺少任何一个都会影响展会效果。会展活动专业观众包括国内外来访者、买家,也包括潜在的关注、影响展会达到其预定目标的潜在专业观众。如果会展活动得不到专业观众的关注,门庭冷落,展览规模再大,也是一次不折不扣的失败。会展活动过程中要始终提倡以人为本的理念,突出方便性、功能性,确保参观安全、有序,场面井然,环境适宜,服务到位,设施齐全,交易顺利,以全方位多功能的服务方便到访的国内外专业观众、满足不同的需求才是维系与专业观众关系的关键。

4. 新闻媒体

媒体包括报纸、电视、杂志、广播、网站等，媒体公众是组织外部环境中最特殊最敏感的公众群体，因此处理好媒体关系非常有必要。新闻媒体是组织与广大公众沟通的重要中介，会展企业的公关活动必须要依靠媒体才能完成，如果没有媒体的传播报道与沟通也不能称之为公关活动。

会展属于大型综合社会活动，是新闻媒介关注的焦点。对会展企业而言，良好的媒体关系可以帮助组织引导良好的公众舆论，让公众对组织产生良好的口碑和评价，有利于组织形象的塑造，维护组织的知名度和美誉度。因此，主动积极地与媒体保持良好的沟通与联系，是做好会展活动的关键因素。

5. 内部员工

展览活动是一项高智能、高风险、高难度、高强度、高时效，同时也是高回报的工作。它要求工作人员有高度的责任感、使命感和团队意识，既要有自制力还要有协调力，更须有超人的意志力，工作中不得有丝毫马虎或差错。特别是展会实施中，要求每个人都须做到临危不惧、判断准确、随机应变，保持高度独立、自制、警觉，并具备超人的脑力与体力，才可能确保一项展览在短短两天到一周的时间内运转正常。因此，组织者如何做好内部员工的沟通与管理，直接关系到整个展会的成功与否。因此，会展企业要注重内部公关关系，力图使每个员工均处于最佳竞技状态，充分发挥其主动性、积极性和创造性。

案例分析

“从今天开始，奥康员工就可以到自己的大学去读书了。”

奥康大学是中国制鞋业首所企业大学，奥康大学黄埔一期 EMBA 班也是中国制鞋业首个 EMBA 班。奥康大学 EMBA(工商管理硕士)班预计一年需投近千万元，顾问及专家教授团阵容强大，由中国轻工业联合会副会长、中国皮革协会理事长徐永，北京大学经济学院副院长、党委书记睢国余，中国人民大学商学院副院长李平，上海复旦大学经济学院副院长、企管所所长张晖明等为特邀顾问。讲师为国内外知名管理专家、大学教授、具有丰富管理实践经验的优秀管理者。目前，奥康大学 EMBA 班的招生对象主要是具备大学本科学历，工作 3 年以上或大专毕业工作 5 年以上，连续 3 年绩效考核成绩在良好以上，部门管理业绩优秀并对奥康的事业忠诚，有持续的工作激情和不断创新的行动和意识的员工。

奥康之所以设立员工大学，是因为奥康管理层认识到：员工是企业的生命，奥康的路是每一个奥康人走出来的！

请问：奥康设立员工大学，重视员工教育，充分说明了什么？

三、会展公共关系的传播媒介

联系会展企业与会展公众对象之间的是传播手段。会展公关传播是指会展企业或组织向公众进行信息传递交流的行为。通过会展公关传播,能够将会展企业或组织最新信息及时准确地传递给公众,从而形成或改变公众态度,引起期望行为。

广告与新闻报道是在会展活动中传播的主要方式。公众知名度是组织最想得到的东西,大众传播是左右公众信息选择和决策的最主要渠道,新闻的真实性、权威性代表信息的公正和客观。对于会展组织者来说,与媒体打交道中重要的任务就是争取更多的新闻报道。

1. 会展广告

广告以最直接的方式让公众直观、迅速、全面地接收到会展信息,从而达到宣传效果。当然这需要以会展组织者向媒体支付费用为前提。在选择合作媒体时应综合考虑诸多因素,坚持"有效的才是最好的",注意各种类型媒体的平衡和协调。

2. 新闻报道

新闻报道不同于做广告,它经济实惠,影响广泛,是一种巧妙的传播手法。由于会展业对第三产业的巨大带动作用,对城市知名度的提高和招商引资的促进作用,使得会展本身具有吸引媒体关注和报道的焦点。会展的专业特色、会展场馆高科技的运用、会展对经济发展的贡献等都能够吸引各类媒体主动前来采访或跟踪报道。比如,"中国99昆明世界园艺博览会"就吸引了上百个国家和地区的新闻媒体,这就相当于全世界都在为此次展会做免费的形象宣传和推广。新闻报道虽然没有广告的直接"杀伤力",但它对目标公众具有渐进的、润物细无声的渗透力。

会展组织与媒体沟通主要有三种方式:撰写新闻稿件,主动为媒体提供新闻;策划具有新闻价值的事件,吸引媒体报道;召开新闻发布会,向媒体公布会展信息。

在新媒体时代,会展企业更是要充分运用微信、微博、会展专业网站等新媒体。在新媒体时代,人人都是媒体人,会展企业要充分发挥自媒体在会展行业中的作用。

案例分析

美通社成为我国会展企业在海内外发布新闻的重要中介

展会作为展示产品和技术、拓展渠道、促进销售、传播品牌而进行的宣传活动,其本身的宣传推广及品牌影响力,也是参展商及专业观众考虑参与的一个重要因素。美通社自进入中国以来,持续为国内多家展会机构发布国内及海外新闻稿,在展会自身广告宣传的基础上,增强展会在媒体上的声音。广交会、高交会、义乌小商品博览会、西湖博览会、中国西部国际博览会、深圳文博会等城市品牌博览会,都在这几年开始通过美通社向海外发布展会新闻。此外,越来越多的商业展会,如中国国际玩具及婴童用品展览会、中国国际日用消费品博览会、上海亚洲电子展、中国电子展、中国国际半导体博览会等,也选择了美通社作为其与海外媒体沟通的渠道。美通社的全球发布网络可为国际型展会打破语言壁垒,打通各区域的传播渠道,将展会新闻向全球传播,扩大展会的品牌影响力。

请问:美通社在我国会展业发展中起到了什么作用?

拓展提高

公关人员需具备的基本职业素质

公关是一门应用学科，需要在实践中不断地去积累。公关更多的是一门社会学科，它需要我们不仅仅是专才，更需要我们是全才。由于公共关系活动的复杂性、广泛性、创造性和灵活性，需要公关人员具有良好的职业素质。公关人员应具备的基本职业素质应包括广泛的学科知识、较高的思想政策水平、较合理的能力结构、健康良好的心理素质等四个方面。

1. 广泛的学科知识

现代公共关系是一种复杂的活动，必须以科学的理论和方法为指导。

(1)公关理论知识

如公共关系的基本概念、结构与功能、过程、基本要素及相互关系等。用公关理论知识指导实践活动，有助于克服盲目性，增强自觉性。

(2)公关实务知识

如公共关系调查、策划、项目实施、方案评估、专门活动等。公关实务知识的掌握，关键在于学以致用。

(3)与公关相关的学科知识

如管理学、社会学、心理学、市场学、广告学、新闻学、传播学等。相关知识的学习，有助于在复杂多变的社会关系中处理好公共关系的各项事务。

2. 较高的思想政策水平

思想政策水平决定着公关活动的方向和质量。

(1)思想觉悟

即要有明确的政治方向和高度的政治觉悟，善于分析形势，把握社会环境变化发展的趋势。能从普通的资料和数据中看出趋势，从平静的表象中看出潜伏的危机，帮助组织把握时机，运筹帷幄，作出科学决策。

(2)政策水平

即要熟悉掌握党和政府的各项政策、法规、法律，及与本组织相关的政策法令，使公关活动用对政策、用好政策、用活政策。

3. 合理的能力结构

公关工作是一门实践性、操作性很强的工作，公关人员必须使自己形成合理的能力结构，这是一种特殊的专业能力体系。

(1)组织管理能力

公关工作的本质属性是管理，通过公关工作促进组织目标的实现。公关工作具体繁杂，没有良好的组织能力是很难顺利做好的。为此，公关人员应具备激励员工积极性，协调各类公众关系、收集信息，制订公关计划与方案、组织实施各类公关活动及大型专题活动,进行有效传播沟通等能力。

(2)语言表达能力

公关工作通过传播沟通与公众建立良好的关系,能写会说,能很好地运用语言传达组织的有关信息,与公众有效沟通,是公关人员的一项基本素质要求。它主要有口头语言表达能力、文字语言表达能力、体态语言表达能力。口头语言用于与公众直接的面对面的交往中。文字语言用于与公众沟通的文章、书信、宣传资料材料等。体态语言用于与公众的直接交往中,它能在一定程度上补充口头语言的不足,并和口头语言相得益彰。

(3)应用写作能力

公关工作大都离不开应用写作,比如宣传资料、演讲稿、新闻稿、广告词、策划方案、评估报告和礼仪文书等都需要公关人员去撰写,如果没有熟练驾驭文字写作的能力,是难以胜任公关工作的。一位优秀的公关人员应该是"写作高手",写作出来的稿件不仅文笔流畅、条理清楚、表达能力强、具有说服力,还应该表意明确、分析透彻、富有文采、具有感染力。美国公关人员从业要求的第一条就是能"有效的写作",因此作为一名公关人员应勤学多练,努力培养自己扎实的文字表达能力。

(4)公众交往能力

公共关系就是要为组织广结良缘,广交朋友,在组织与公众之间架起沟通的"桥梁",形成"人和"的氛围和环境。为此,需要公关人员正确认识公众,把握交往的技巧、艺术、原则,了解公众的行为特点,学会与各种类型和特点的公众友好相处。

(5)宣传推广能力

公关人员是组织的宣传员,要善于周密策划、精心设计组织形象,善于运用各种传播方式、传播媒介展现组织形象,宣传推广组织形象。

(6)创造能力

公关工作是一项极富挑战性和创造性的工作,公关人员是组织与公众的中介者,但决不是"传声筒",必须以自己的想象力和创造能力来影响和感染公众。不满于现状,不断超越,追求卓越,追求创新是公关人员的应有素质。

(7)应变能力

公关活动中经常会出现一些突发事件和事先难以预料到的问题,需要公关人员根据实际情况,灵活从容地应对,以有效地解决问题。

(8)专业操作技能

公关人员应是多才多艺的"多面手",除具有专业基础知识和能力外,还应掌握计算机、制图制表、声像、影响、摄影等技术,以提高公关活动的层次与效果。

4. 适宜的心理素质

公关人员要和社会上的各种各样的人打交道,常常需要面对各种难题、矛盾和困境,需要自身具备良好的心理素质。它包括:

(1)心理承受能力

无论是成功还是失败,顺境还是逆境,都要善于控制自己的情绪和行为,理智地对待问题,解决问题。

(2)坚强的意志

主要是指应具有很强的事业心和进取心,对工作满腔热情,不畏艰难,勇于负责,持之以恒。

(3)成熟的思维方式

公关状态复杂多变,要求公关人员应有较高的智慧,遇事冷静思考,有严密的逻辑思维能力和综合分析问题能力,有丰富的想象力和创造思维能力。

(4)开放的性格

从公关工作的要求看,公关人员的性格最好是开放型、稳重型,并具有涵养、宽容精神和积极乐观的性格。

(5)广泛的兴趣爱好

公关人员要与各行各业的人打交道,广泛的兴趣会给公关人员的社会交往带来更多的维度和空间,结交更多的朋友。公关人员为了工作,需要培养自己多方面的兴趣。

(6)良好的气质

公关人员的气质最好是活泼型,对工作热情而稳重,善交际而不急躁。兴奋型的人也可以从事公关职业,但工作中要注意不要感情用事。

思考练习

一、填空题

1. 公共关系的主体具体包括三个层次:________、代表社会组织行使公共关系职能的公共关系机构、代表社会组织具体执行公共关系职能的公共关系人员。
2. 会展业关联带动性强,涉及众多行业、机构及个人。政府机构、参展商、专业观众、新闻媒体、酒店、交通、银行、投资者及内部员工等,都是________。
3. ________能够为会展企业带来直接的经济利益。因此,在会展活动中要时刻考虑其利益,满足其需求,想其所想,急其所急。
4. 会展活动________包括国内外来访者、买家,也包括潜在的关注、影响展会达到其预定目标的潜在________。
5. 会展企业要注重________,力图使每个员工均处于最佳竞技状态,充分发挥其主动性、积极性和创造性。

二、判断题

1. 新闻报道以最直接的方式让公众直观、迅速、全面地接收到会展信息,从而达到宣传效果。(　　)
2. 在新媒体时代,会展企业更是要充分运用微信、微博、会展专业网站等新媒体。在新媒体时代,人人都是媒体人,会展企业要充分发挥自媒体在会展行业中的作用。(　　)
3. 政府公众是对社会进行统一管理的权力机构,具有权威性,政府和组织之间是管理

与被管理的关系。(　　)

4. 会展业关联带动性强,涉及众多行业、机构及个人。政府机构、参展商、专业观众、新闻媒体、酒店、交通、银行、投资者及内部员工等都是会展公共关系主体。(　　)

5. 对会展企业而言,良好的媒体关系可以帮助组织引导良好的公众舆论,让公众对组织产生良好的口碑和评价,有利于组织形象的塑造,维护组织的知名度和美誉度。(　　)

三、简答题

1. 会展公共关系主体有哪些?
2. 会展公共关系客体有哪些?

学习任务3 会展公共关系一般程序

任务概述

在本任务中要清楚会展公共关系的一般程序。会展公共关系一般程序为会展公关调查、会展公关策划、会展公关实施、会展公关评估。只有明确了会展公关程序,才能有针对性地开展会展公关活动。

任务目标

- 能够进行会展公共关系调查
- 能够进行会展公共关系策划
- 能够进行会展公共关系实施
- 能够进行会展公共关系评估

学习内容

一、会展公共关系调查

会展公共关系调查是指会展企业或组织对企业或组织环境进行分析和监测,认知环境变化的过程。它为公关人员发现问题、寻找目标、确定工作对象、实行创意策划提供第一手资料,为实施公关工作的针对性、科学性和规律性提供良好便利条件,方便决策者当机立断,监测环境变化。

1. 会展公共关系调查的程序

(1)调查准备阶段

调查准备阶段的工作内容主要为确立调查任务、开展调查设计、准备调查条件。

(2)资料搜集阶段

资料搜集阶段也称为具体调查阶段,是整个公共关系调查过程中最为重要的阶段。

(3)整理分析阶段。

(4)报告写作阶段。

(5)总结评估阶段。

2. 会展公关调查的基本内容

(1)基础性调查

具体包括会展企业或组织自身状况的各种信息;公众各种信息;组织环境的各种信息。例如,"公司举办该展会多少届了?""参展商有多少家?专业观众有多少家?""参展商是如何评价本届展会的?""目前的经济形势是否对本届展会造成了冲击?"

(2)周期性调查

具体包括公众及其舆论变化情况、组织形象及其变化情况、组织环境的变化情况。例如,"到目前为止,参展商对我们的展会的评价呈现怎样的趋势?是越来越好,还是越来越差?""近3年来,我们公司的知名度与美誉度提升了吗?""近3年来,我国政府对会展业的支持扶助力度是怎样的?"

(3)专题性调查

专题性调查是针对某一专门问题进行具体、深入调查。例如,某届展览会期间出现参展商投诉事宜,营运部现场管理的公关人员则需要针对本次投诉事宜进行调查,了解参展商投诉缘由,明白参展商为何投诉?引起参展商不满从而投诉的根源在哪里?

3. 会展公关调查的方法

(1)访谈法

访谈法具体包括个别访谈法、小组访谈法、电话访谈法和网络访谈法。个人访谈法就是会展企业调查人员单独与被访者进行访谈活动,没有第三者在场,保证信息保密性;小组访谈就是一个小型座谈会,有一个调查人员与一群被访者交谈,通过交谈获取相关信息;电话访谈就是采用电话沟通的形式与被访者进行交谈;网络访谈法是通过邮件、QQ、微信等现代网络通信工具与被访者进行交谈。

(2)观察法

观察法是会展企业调查人员直接进入现场,观察记录被访者的一举一动,获取真实可靠的第一手调研资料的方法。观察法可以分为参与观察和非参与观察。参与观察是观察者自身作为其中一员,与被观察者发生联系,参与他们的活动从而获取相关资料。例如,某会议公司调查几家会议型酒店供应商服务品质,会议公司的调研人员装扮成普通顾客,到店登记住宿,通过与前台及客户服务人员接触,亲身感受酒店的服务质量。非参与性观察是观察者不直接参与被观察者活动,而是以第三者身份对被观察者实行观察,不干预事件的发展过程,只记录事情发展的自然情况。

(3)问卷法

问卷法是调查人员通过发放调查问卷进行调查的方法。

(4) 文献法

文献法是公关人员通过查阅各种书面文献、影像文献、电子文献进行相关信息的统计分析的一种间接调查方法。

案例分析

谁能把斧子卖给总统

2001 年 5 月 20 日，美国一位叫乔治·赫伯特的推销员，成功地把一把斧子推销给了布什总统。布鲁金斯学会得知这一消息后，把刻有“最伟大推销员”的一只金靴子赠予了他。这是自 1975 年该学会的一名学员成功地把一台微型录音机卖给尼克松以来，又一学员获此殊荣。

布鲁金斯学会创建于 1972 年，以培养世界上杰出的推销员著称于世。它有一个传统，在每期学员毕业时，设计一道最能体现推销员能力的实习题，让学生去完成。克林顿当政期间，他们出了这么一个题目：请把一条三角裤推销给现任总统。8 年间，有无数个学员为此绞尽脑汁，却最终都无功而返。克林顿卸任后，布鲁金斯学会把题目换成：请把一把斧子推销给布什总统。

鉴于前 8 年的失败与教训，许多学员知难而退。个别学员甚至认为，这道毕业实习题会和克林顿当政期间一样毫无结果，因为当今的总统什么都不缺，即使缺什么，也用不着他亲自购买；退一步说，即使他亲自购买，也不一定正赶上你去推销的时候。

然而，乔治·赫伯特却做到了，并且没有花多少工夫。一位记者在采访他的时候，他是这么说的：我认为，把一把斧子推销给布什总统是完全可能的，因为布什总统在德克萨斯州有一农场，那儿种了很多树。于是我给他写了一封信，说：有一次，我有幸参观您的农场，发现种着许多矢菊树，有些已经死掉，木质已变得松软。我想，您一定需要一把小斧子，但是从您现在的体质来看，小斧头显然太轻，因此您仍然需要一把不甚锋利的老斧头，他是我祖父留给我的，很适合砍伐枯树。假若您有兴趣的话，请按这封信所留的信箱，给予回复……最后他就给我寄来了 15 美元。

乔治·赫伯特成功后，布鲁金斯学会在表彰他的时候说，金靴子奖已经空置了 26 年。26 年间，布鲁金斯学会培养了数以万计的推销员，造就了数以百计的百万富翁，这只金靴子之所以没有授予他们，是因为我们一直想寻找这么一个人：这个人从不因有人说某一目标不能实现而放弃；从不因某件事情难以办到而失去自信。

从公关程序角度来看，乔治·赫伯特的成功首先取决于他的广泛、全面而独到的调查，有人认为他的成功主要在于对时机的把握。你说呢？

二、会展公共关系策划

案例分析

法国白兰地如何轰开美国大门

美国法律曾一度明文规定:禁止酒类进口。对此,各国酒商尽管心有不甘,但不得不望而却步。1958 年,法国白兰地公司不惜巨资,在美国各大报纸、杂志、广播及电视台向公众征答这样一个问题:“白兰地公司有两桶窖藏了 67 年的美酒欲向外赠送。请问,送给谁最好呢?”一时间,这件事铺天盖地灌输进了美国人的头脑中。不久,就是美国艾森豪威尔总统 67 岁寿辰。就在这个时候,法国人又在报刊和广播电视中公布了先前所征答问题的答案,原来那两桶 67 年的陈酿就是献给总统 67 岁寿辰的,以表示法国人民的敬意。总统寿辰过后,美国的报刊和电视上频频出现这样的照片和画面:总统和法国客人各举一杯诱人的白兰地,相互碰杯,一饮而尽,令人难忘。很多美国人受不了了,白兰地成了一种诱惑,但他们无法品味。于是美国人开始游行,口号是:“我们也要喝白兰地!”这样一来,美国政府有口难言,总统带的头嘛,最后,美国当局只好修改有关法律,允许酒类进口。

你认为上述公关案例策划成功吗?为什么?

会展公共关系策划是公共关系人员根据组织形象的现状和目标要求,分析现有条件,策划并设计公关战略、专题活动和具体公关活动最佳行动方案的过程。公关策划的核心,就是解决以下三个问题:一是如何寻求传播沟通的内容和公众易于接受的方式;二是如何提高传播沟通的效能;三是如何完备公关工作体系。

1. 会展公共关系策划的原则

(1)伦理道德原则

伦理道德准则的核心内容是:组织策划公关活动与从业人员行为的道德要求日趋加强。国内过去有这样一个案例:为了商场促销,组织工作人员买了很多商品,在商场走来走去,这是符合我们公关职业道德的案例吗?这绝对不是,这是一种欺骗的行为,并不是我们为了做好传播应该使用的手段。这样对企业将来的形象是有好处还是没有好处的?这个目的性还应该看在它社会综合的立场上,并不是站在我们某一个企业的立场上看。

(2)创新性原则

公关策划必须打破传统、刻意求新、别出心裁,使公关活动生动有趣,从而给公众留下深刻而美好的印象。

案例分析

分文未花,实现大收益

20世纪50年代,美国开始试验人造卫星,在第一颗人造卫星即将升空之际,有一个厂家的总经理写信给美国五角大楼,要求在卫星上做广告,并且付给高额的广告费。五角大楼官员看后,不禁哑然失笑,他们说:"卫星上天后,谁能看得到呢?"厂商的要求当然被拒绝了,然而这一消息立即同人造卫星一起,成为美国报纸的新闻,结果厂家未花一分钱,却出了名,达到了宣传目的。

通过阅读本案例,你得到了什么启示?

(3)真实性原则

实事求是,是公关策划的一条基本原则。公关策划必须建立在对事实真实把握的基础上,以诚恳的态度向公众如实传递信息,并根据实事的变化来不断调整策划的策略和时机等。

(4)系统性原则

在会展公关策划中,应将公关活动作为一个系统工程来认识,按照系统的观点和方法予以谋划统筹。

(5)可行性原则

在会展公关策划中,最好的策划案也得落地,具有可操作性,这样才有意义。否则,只不过是纸上谈兵、水中捞月。

案例分析

公关策划违背原则不可行

在"非典"时期,某企业策划了一个"万人宣誓抗非典"的活动,目的是扩大企业的知名度,宣传企业与国家和人民同命运,共患难,决心战胜非典的信心,想法非常好,资金由这个企业出,整个策划也非常有新意,万人签字,声势浩大,影响非凡,但在具体实施上发现,国家有明文规定:"非典"时期严禁集会,别说万人集会,就是政府机关的正常例会也减少到少之又少的地步。这个公共关系策划案显然不具有可行性。

该案例中描述的现象违背了会展公共关系的什么原则?

2. 会展公关策划的程序

(1)确定活动目标

确定公共关系活动目标是会展公共关系策划的前提。公共关系策划的目标就是公关策划所要解决的问题。公关目标是指导和协调公共关系的依据。

(2)设计活动主题

会展公共关系活动主题是对公共关系活动内容的高度概括,是策划所要达到具体目的的浓缩和升华。

(3)选定目标公众

会展公共关系是以不同的方式针对不同的目标公众开展的,因此,在开展公共关系活动之时必须筛选合适的目标公众,才能保障公共关系更好地实现。

(4)计划项目方案

策划合适的公共关系计划项目是最为关键的,合适的计划项目是会展公共关系活动开展的核心部分。设计良好的项目是开展公共关系活动的关键。

(5)选择活动发布时机

选择恰当合适的发布时机至关重要。会展企业公共关系策划者选择好的时机,能够让策划活动发挥更好的效果。

(6)选择传播方式和媒介

信息传播的方式、方法、途径是多种多样的,会展企业要根据实际情况选择不同的媒介和传播方式。

(7)经费预算

经费预算的基本构成包括行政开支和项目开支,会展企业要尽可能详细地列出各种可能出现的开支,为活动开展准备充足的预算。

(8)设计活动效果评估标准

这是会展公共关系策划的最后一步,也是会展企业或组织最容易忽视的一点。评估方案包括看方案是否切实可行,策划目标是否实现。

3. 会展公共关系策划方法

会展公共关系策划的方法有很多种,基本的策划方法可以总结为5W1H分析法。5W1H分析法是对选定的项目从原因(何因 Why)、对象(何事 What)、地点(何地 Where)、时间(何时 When)、人员(何人 Who)、方法(何法 How)等六个方面提出问题进行思考的方法。

(1)对象(What)——什么事情

会展企业或组织策划明确要做什么事情。

(2)场所(Where)——什么地点

这是选择工作场所应该考虑的。会展企业或组织公共关系活动在哪里举行,是酒店还是场馆,还是其他地方。场所的选择至关重要,要根据公关活动特点及其他相关因素选择合适的场地。

(3)时间和程序(When)——什么时候

即会展企业或组织的公关活动举办的时间是什么时候。选择合适的举办时间至关重要。所有的活动都具有时效性,策划方案价值会随着时间变化而变化,因此要选择合适的时间。

(4)人员(Who)——责任人

会展企业或组织在策划公共关系活动时要考虑到这个事情是谁在干,为什么要让他干。

(5)为什么(Why)——原因

会展企业或组织为何要开展此次公共关系活动,它的目的是什么。有很多企业看到别的企业搞周年庆典,自己也会开始搞庆典,结果也不知道为什么搞这次庆典,只是有了热闹,反而没有什么效果。

(6)方式(How)——如何

方式也就是手段与方法。例如,我们是怎样干的?为什么用这种方法来干?有没有别的方法可以干?到底应该怎么干?

三、会展公共关系实施

会展公共关系实施是将公共关系策划方案变成现实的过程,是会展公共关系工作中最为复杂、多变和关键的环节。这是实现公共关系目标的最关键的环节。

1. 会展公共关系实施的原则

(1)充分准备原则

公共关系活动是一项时效性很强的活动,一般在公共关系策划方案正式实施之前,必须做好各种实施准备工作。实施准备是公共关系活动实施成功的基础和前提条件。

(2)目标导向原则

在公共关系计划实施过程中,应保证公共关系实施活动不偏离公共关系计划目标。即是说公共关系计划在实施过程中,需要随时监督检查实施的进程,以便及时调整偏差,保证计划在总体目标上的实现。

(3)整体协调原则

在计划实施过程中,使工作所涉及的方方面面达到和谐、统一的状态。协调不同于控制,控制是对一个组织的计划实施过程中是否与公共关系计划的目标有差异或背离,而进行纠正或克服;协调则强调在各个实施过程中的环节之间、部门之间及实施主体和公众之间和谐化、合理化,尽量避免矛盾的发生。

(4)控制进度原则

由于公共关系工作人员分工不同、能力差异、环境差异,在具体实施时,会出现进度快慢不一致的情况,通过控制进度,做好协调工作,确保按时完成。

2. 会展公共关系实施的步骤

(1)公关实施传播阶段

公关工作是一个有准备的工作,在执行的过程中前期会比较主动。传播过程要做到,如实执行计划、准备应对突如其来的变化。比如最平常的房展会中的演出。正常情况下,只要计划中安排的节目精彩,就能博得客户的欢迎,从而给公司取得好的公关效果,实现预定的目标。但有些露天的房展会,往往会受到天气的影响,从而使预定的公关活动在传播阶段大打折扣。这时需要灵活应对。

(2)公关实施反馈阶段

反馈阶段就是检验传播效果的阶段。计划制订得好坏,关键就看能不能得到公关对象的认可,这是实施过程中关键的一环,也是最重要的一环。同时,还是制订者最关心的一个环节。反馈阶段一定要注意反馈的方式和及时性。会展企业或组织对于客户的反馈一定要及时处理,不能耽搁。

(3)公关实施的修正阶段

修正阶段的主要任务有两个,一是及时收集反馈信息和总结效果,二是进行必要的改进和反馈。

案例分析

梅兰芳首次露演申城一炮走红

梅兰芳初到上海演出,戏院先是安排人领梅兰芳一起去拜访了新闻界、文艺界的朋友,如《时报》的狄平子、《申报》的史量才、《新闻报》的汪汉溪,以及文艺界的吴昌硕、朱古微、俞粟庐、徐凌云等。

随后,戏院在报纸上登出三个大字"梅兰芳"。读者弄不明白是什么意思,马上引起了兴趣和猜测。第二天,报上还是"梅兰芳"这三个大字。好奇者纷纷打电话询问报馆,这是花名?地名?还是人名?报馆回答:"明日见分晓。"

于是,神秘感越来越浓,关心这件事的人越来越多。戏院老板之所以如此做广告,是因为他摸透了上海人的心理。梅兰芳初到上海,人们对他一无所知,上海人只听惯了海派,京派很难一下子打开局面。加上上海人傲气十足、好奇心强。根据这些心理分析,他设计了这样一个不吹不擂的广告(越吹,上海人越不买账),只是以"梅兰芳"三字留下几分悬念,吸引人们注意。好奇心胜的人蜂拥而至,必欲看个究竟。结果,梅兰芳的头台戏就博了个满堂彩。

请问:梅兰芳首次露演申城一炮走红体现了公关实施的什么原则?他是如何进行公关实施的?

四、会展公共关系评估

会展公共关系评估是"四步工作法"的最后一步,对公共关系活动起着总结、衡量和评估的重要作用。会展公关评估是对公共关系策划、实施及效果进行衡量、评价和估计,即在肯定成绩的同时,发现新的问题,不断地调整组织的公共关系目标、公共关系政策和公共关系行为,使组织的公共关系成为有计划的持续性的工作。

1. 会展公共关系评估的程序

(1)重温目标,明确标准

在公关效果评估中,首先要考虑原定的公关目标,明确评价标准,以便作出科学客观评价。

(2)收集资料,衡量绩效

积极围绕公共关系目标,搜集公关实施过程中的各种信息资料,界定其是否达到预定目标。

(3)分析结果,用于决策

会展公关人员以报告的形式将会展公关评估与会展企业或组织的总目标、总任务联系起来,提供给决策者,以便科学决策。

(4)纠正偏颇,不断完善

针对会展公关效果评估报告中的问题与失误,找出具体原因以减少实施过程中的偏差,为下一阶段的公关活动提供借鉴。

2. 会展公关评估的方法

(1)公众意见法

这种方法包括公众意见征询法和公众问卷调查法。所谓公众意见征询法,是在公共关系活动过程中和活动结束后,通过对公众的访问和举行公众代表座谈会,以电话或口头交谈的方式来征求公众的意见。而公众问卷调查法则是在公共关系活动的准备阶段、结束阶段与结束后3~6个月向目标公众发放问卷,通过对问卷的整理、统计、分析来评估本次公共关系活动的效果。

(2)专家意见法

所谓专家意见法,是指聘请那些公共关系知识丰富并有公共关系实践经验的专家,就事先拟订的公共关系计划、计划实施时采取的措施及实施的范围等,请专家以匿名的方式独自就各项内容发表意见和建议,然后由公共关系人员将第一轮的全体专家意见汇集整理,反馈给每一位专家,请他们再次发表意见,直至意见趋于一致。经过整理和分析得出代表大多数专家意见的评判。

(3)民意测验法

民意测验法在公共关系评估中运用较为普遍。这种方法的基本做法是:按抽查法的要求,在选定的公众群体中,选择一定数量的测验对象,用问卷、表格等方式,征求他们对指定问题的意见、态度、倾向,再作出统计、说明,分析公共关系活动的效果。

(4)实验法

实验法可以在经历和未经历公共关系活动的两组公众之间展开。例如,一家家用日用化妆品公司,在报上连载宣传夏季正确使用化妆品的方法,旨在向公众传授在不同季节,正确选用适宜化妆品的知识。我们采用实验法对该项活动的效果进行评估:先测验一组报纸订户(实验组)的有关知识,再对另一组未接触过该报的公众(控制组)进行有关知识测验,将两次测验结果作比较,就很容易得出评估结论。实验法的关键在于,在确保实验对象代表性的同时,尽可能缩小实验范围。

(5)自我评判法

采用这种方法的前提是公共关系人员在公共关系活动的全过程中,或者在组织的日常活动中坚持记录有关指标和数据的变化。例如,通过公共关系活动前后企业的销售额数据、企业的知名度和美誉度的量化指标的记录,对比就可比较准确地评估出本次公共关系活动的成果。不仅如此,全面、准确的活动记录还可以帮助公共关系人员以时间为周期,如按年度,评估公共关系活动的整体效应。

3. 会展公关评估的指标

$$知名度=\frac{知晓组织的人数}{被调查者总人数}\times 100\%$$

$$美誉度=\frac{赞誉组织的人数}{被调查者知晓组织的人数}\times 100\%$$

$$信誉度=\frac{信任组织的人数}{被调查者知晓组织的人数}\times 100\%$$

$$注意度(率)=\frac{被调查者都是看过组织信息的人数}{被调查者总人数}\times 100\%$$

$$熟知度(率)=\frac{被调查者中知晓信息50\%以上的人数}{被调查者总人数}\times 100\%$$

$$信息的传输率=\frac{新闻报道、广告等次数组织的人数}{应该报道的次数}\times 100\%$$

拓展提高

公关 2.0 的 5 个特征

1. 从媒体公关转向面对所有利益相关者(stakeholder)的公关

随着新媒体的出现,以及人们参与意识的觉醒,单纯由少数记者和媒体垄断的信息源松动,人人创建内容、人人成为媒体、口碑传播胜过媒体传播的趋势正在形成。这时候,公共关系从仅仅与媒体、记者打交道,必须转向与所有利益相关者的沟通。其实,这也回归于公共关系的本质,即管理企业或组织与公众的信息沟通。

利益相关者是与企业、组织等发生利益的相关各方,包括媒体、内部员工、竞争对手、政府监管者、供应商、合作伙伴、社区等等,日趋复杂,也给公关工作带来了新的挑战。仅以新闻稿为例,以前叫作 press release,现在叫作 news release,仅仅一字之差却迥然不同。

2. 与利益相关者的沟通从单向传输向互动对话转变

其实,这也是真正意义上沟通的回归,因为真正的沟通从来都不是单向的,必须是双向的。也必须记住,这种沟通,是和第一条中所有利益相关者的沟通,这些沟通都必须是双向的。

所谓双向沟通,以和博主的沟通为例,必须要经过倾听、参与、互动和评估等环节。只有倾听,才能了解博主的需求,才能有沟通的基础;只有参与,才能了解博客等形式的运作,为下一步创造条件;只有互动,才能是双向的沟通;只有评估,才能总结经验教训,面向未来。

3. 是在全球化大背景下的复杂沟通

公关 2.0 时代,是全球化风起云涌的时代,这表现在跨国公司的深入发展、兼并收购此起彼伏、人才跨文化流动频繁等等。全球化对公关提出了极大挑战。

以华为为例，其全球化拓展日益深入，就必然面临国外人才的沟通问题，面临不同文化、不同背景、不同国家人才的培训、引导和沟通以适应创造新的华为文化；再以联想为例，收购 IBM PC，必然面临不同企业文化之间的调和与沟通；又以花旗银行为例，其进入中国不论是合资还是本地业务拓展，也面临与不同文化的中国公众沟通的问题。

4. 公关将成为与营销、咨询、HR 等职能整合的大公关概念

我们正在听到越来越多的整合公关、整合营销，这意味着公司或组织内部不同职能的联系越来越密切，由于环境的复杂，沟通已经成为必备的功能，这也意味着公关的重要性日益凸显。公关与营销的整合、公关与咨询的整合、公关与 HR 的整合都越来越密切。

公关与营销、广告、品牌等具有很大的差别，善于借助第三方是公关的长处，也越来越显示出其优越性。在 B2C 企业，整合营销已经成为流行；在 B2B 领域，公关也与咨询密不可分；在企业或组织的内部，公关与 HR 的协作也越来越受到重视。

在这些整合中，谁整合谁是一个问题，公关能否成为主动的整合者是一个问题。公关以擅长沟通的优势具有成为整合者的条件，但我们需要更加努力，对企业、行业和外部环境的深刻了解需要再上层楼。

5. 需要换位思考、多在社会责任方面做出努力

与利益相关者的沟通并不容易，不要试图说服他们，虽然这是我们渴望的事情。沟通的本质是换位思考，要站到对方的角度思考问题，多在社会责任方面做出努力，要将眼光放长远，多做对利益相关者有益的事情，这样自己的品牌提升是迟早的事情。

其实，公关 2.0 时代是一个非常复杂的时代，上述的 5 个特征互相影响、交叉联系，这既是挑战，也是机会。以危机为例，利益相关者的增多，使得危机更加频繁；数字媒体的普及，使得危机的传播更加迅速，危害更加严重；全球化的到来，使得某一个地区的危机可以瞬间蔓延到全球。

需要指出的是，公关 2.0 时代，虽然很多都在改变，但公关的本质其实没有变，自身正派、积极主动地沟通，辅助一些专业的策略和技巧，在公关 2.0 时代，依然可以游刃有余。

思考练习

一、填空题

1. ________是指会展企业或组织对企业或组织环境进行分析和监测，认知环境变化的过程。
2. ________的工作内容主要为确立调查任务、开展调查设计、准备调查条件。
3. ________也称为具体调查阶段，是整个公共关系调查过程中最为重要的阶段。
4. ________具体包括个别访谈法、小组访谈法、电话访谈法和网络访谈法。
5. ________是调查人员通过发放调查问卷进行调查的方法。

二、判断题

1. 调查准备阶段也称为具体调查阶段，是整个公共关系调查过程中最为重要的阶段。( )
2. 基础性调查具体包括会展企业或组织自身状况的各种信息；公众各种信息；组织环

境的各种信息。( )

3. 访谈法具体包括个别访谈法、小组访谈法、电话访谈法和网络访谈法。( )

4. 文献法是公关人员通过查阅各种书面文献、影像文献、电子文献进行相关信息的统计分析的一种间接调查方法。( )

5. 会展公共关系策划是公共关系人员根据组织形象的现状和目标要求,分析现有条件,策划并设计公关战略、专题活动和具体公关活动最佳行动方案的过程。( )

三、简答题

1. 会展公共关系策划的原则有哪些?

2. 会展实施的步骤有哪些?

四、公关能力测试

下面设计了各种环境中的对话,每种回答都标有不同的分值,做完后将总分值与结果对照,可以预知你的公关能力。

1. 在公共汽车站牌前,因人多而没有挤上去,你的朋友说:“等一会儿再上吧!”你回答:

a. 老是这样会一直乘不上车的!

b. 是的,再等下一班车吧。

c. 高峰期总是这样,真讨厌!

2. 在公共汽车上,由于人多互相拥挤,有人对你说:“不要挤!”你回答:

a. 人多,没办法!请你向前靠些吧!

b. 对不起!

c. 真是的,我也不想挤!

3. 与恋人约会时,恋人因来晚了而对你说:“哟,我来迟了。”你作何回答?

a. 真不礼貌!稀里糊涂的。

b. 不必介意!不必介意!

c. 你是我喜爱的人嘛!

4. 在家中,妈妈说:“你为什么混得这样差,是怎么回事?”你回答:

a. 妈妈的孩子呗,没办法!

b. 对不起!我已做了努力。

c. 下次会让你高兴的。

5. 在学校,当你和同学们一起议论另一个同学时,其中一位同学说:“他又碰钉子了。”你接着说:

a. 那家伙差劲!真差劲!

b. 撒谎!是真的吗?

c. 真可怜!

以上选择,选 a 得 1 分,选 b 得 2 分,选 c 得 3 分,不选得 0 分。

0~5 分:公关能力很不理想。在公共场合,常常带有强烈的攻击性,碰到不顺心的事就立即发怒。如果不加以改善,将不适合有关群体性工作。

6 ~ 10 分:具有很强的公关意识和公关能力,遇事能够仔细考虑他人情绪和周围环境。即使讨厌的事情,如有必要,也能够控制住自己的感情去适应环境。需要防止的是:过于冷静,以致淡漠处世,丧失个性,失去自我发展的机会。

11 ~ 15 分:对自己的好恶不太外露,但在行动上给人以唯我独尊的印象,不太考虑别人的情绪,不善于理解别人的行动。因此,你要注意把自己放在大环境中去生活,并且适应环境。

根据得分情况对照分值测试自己的公关能力。

单元要点归纳

- 会展公共关系
  - 会展公共关系
    - 含义
    - 特征
    - 作用
  - 会展公共关系要素
    - 主体
    - 客体
    - 媒介
  - 会展公共关系一般程序
    - 调查
    - 策划
    - 实施
    - 评估

项目二　会展接待服务

项目概述

会展接待服务是会展公关人员需具备的基本技能，本项目将着重培养同学们对展览会和会议的接待服务技能。在本项目中，同学们要熟悉展览会与会议接待礼仪程序，在展览会或会议活动现场能够组织客户有序签到，并且能够使用现代新型签到设备。

项目目标

- 能够按照规范礼仪程序进行会展接待
- 能够组织客户有序签到
- 能够使用会展验证设备

学习任务1 会展接待礼仪流程

任务概述

在本任务中，首先要清楚展览会与会议接待礼仪程序，明白接待礼仪对会展企业发展的重要性。本任务最为关键的要点是真正能够按照规范的礼仪程序进行会展现场接待服务，这是会展公共关系人员最基本的技能。

任务目标

- 能够按照展览会接待礼仪流程在现场进行接待服务
- 能够按照会议接待礼仪流程在现场进行接待服务

学习内容

会展活动的礼仪接待是会展活动中一道亮丽的风景线，它已经融入到活动的整个过程中，盛况空前的开幕式、气势宏大的闭幕式、隆重热烈的颁奖仪式等活动都离不开会展礼仪的参与。礼仪接待服务不仅能为展会活动顺利进行提供有益的引导，而且青春靓丽的礼仪小姐和活力四射的礼仪先生也会给整个展会活动带来勃勃生机。

一、展览会接待礼仪流程

相对会议而言，展览会的接待相对复杂。大致而言，展览会接待礼仪流程可以分为以下几个方面：

1. 展前准备阶段

(1)制订展会现场接待计划

展会的接待比会议更为复杂，因此，在展会现场接待之前制订接待计划至关重要。展会接待计划具体包括对参展商接待、专业观众接待、媒体接待、VIP 客户接待等，接待计划中要规范各接待部分的接待流程和规范。

(2)接待人员岗前培训

展览会接待相对复杂，千头万绪，很多时候需要聘请临时人员或志愿者到现场进行协助，因此，在展会开始前必须要对展会接待服务人员尤其临时工作人员和志愿者进行礼节礼貌培训，规范接待用语，规范衣着举止。

(3)熟悉展会资料

展会接待人员要明确展会主题，熟知展会期间各个主要流程的安排，及时掌握相关会议变动等情况，以便提供咨询；掌握展会期间参加人员的数量、报到和入住的时间、房间、电话、就餐安排以及会后离开的时间。

(4)仪表仪容检查

展会接待人员穿着要庄重,举止要文雅,在左胸佩戴胸牌或挂有工作证,标示本人单位、职务、姓名。着装大方、语言得体,增强服务意识,提高服务质量,在参与接待的场所保持干净整洁。

2. 展会现场接待阶段

展览会现场接待不同于会议接待,会议接待相对比较单一,展览会现场接待更为复杂烦琐。这里重点讲解展览会现场参展商、专业观众、媒体、VIP 客户及客户投诉处理的接待。

(1)参展商的接待

参展商在确定参展后,展会工作人员应把参展商手册与展位确定书提前寄给参展商,方便参展商有计划地安排各项参展工作。参展商通常会提前几天到达展览举办地,熟悉场馆并布置参展现场。在展览会临近期间,接待人员应在机场、车站、港口码头安排专人进行接待。在展会现场协助参展商进行展台接待,并进行参展商住宿安排、旅游考察、场馆餐饮、预订返程票务等服务工作。

(2)专业观众接待服务

集体参观的观众可以通过展览会接待部门提前安排预约,有组织地安排场地进行有序参加;散客观众可以通过购买门票的方式参加展会。专业观众对参观展览的要求要比一般观众更加深入、直接,是展览会现场重点接待对象,要尽可能地满足专业观众的要求。要提前准备好专业观众证件,通过发放专业观众门票的方式邀请专业观众。目前,绝大多数展会为了更好地接待专业观众,一般展览期间前两天设为专业观众参观日,只接待专业观众,不接待普通观众。

在专业观众到达展览现场安排专门的专业观众接待处,由专人负责接待登记。专业观众入场参观之前,通过广播和设置宣传等方式,反复宣传参观须知,介绍展会相关情况。场馆内有明显的导引标志,指明参观线路。

对于重点采购商的专业观众,要有专门接待人员进行现场接待。在展览现场进行接待时,作为接待人员,首先要向客人进行自我介绍:您好,我是此次展会的随行秘书×××,很高兴为您服务。在陪同客人参观展会时向客人介绍展会展商情况,并回答客人提问。将客人引至其想参观的展商展位处,要主动为客人和参展商进行介绍。

(3)媒体接待

接待人员要充分尊重记者的采访权,积极主动地提供服务,切实做到热情、礼貌、周到,为记者采访创造良好条件。

在展会开始之前,提前与拟邀请的媒体进行再次沟通,确定媒体是否按时到达,并就此进行前期沟通,为此后报道做好准备。提前确认好媒体接待处具体位置,事先准备好媒体采访区域,为媒体记者采访、发稿设立专门的接待室,方便媒体朋友现场进行发稿报道。媒体到达高峰期,不要慌乱,现场接待要做到井然有序。要给签到后的媒体发放相应的展会资料,并安排好媒体记者朋友的茶歇休息服务。

在展会期间，媒体记者采访参展商或其他人员之前，要提前给客户提供媒体采访提纲，使客户充分做好采访准备。同时，接待人员要做好采访纪要，拍摄照片；会后在最短的时间内发送给媒体。

案例分析

乌镇互联网大会媒体接待和志愿服务

宁静的古镇逐渐苏醒，五湖四海的客人陆续赶来。乌镇即将成为互联网界的焦点，成为世界的焦点。1 000 多名政界、互联网界的精英，600 多家媒体记者涌向这个小镇。今天开始，他们将感受和探索互联网界发展的脉动。面纱揭开，作为中国最高层次、最大规模的互联网盛会，参会者有着哪些独特的体验？

互联网时代的便捷在这里得以处处体现：嘉宾记者注册签到；大会首次新闻发布会；会场内的各项设备……大批记者嘉宾赶到注册签到地点。与以往不同，记者只拿出身份证在机器上一刷，工作人员就迅速找到相关证件递到记者手中，整个过程不到 30 秒。注册登记人数虽然多，现场却井然有序。这张拿到手中的证件，就是进入会场的通行证，根据工作人员、安保人员、媒体、嘉宾不同分成了不同的颜色。每到需要验证身份信息的地方，只需要将这张证件在仪器上一刷，就能显示身份，互联网大会的秩序因而得以保障。

作为一个江南小镇，能否胜任如此高规格会议的接待工作，是之前许多人心中的一个疑问。本次世界互联网大会的标准化服务体系给记者留下了深刻的印象。从签到注册，到进入景区会场所在地，每一个地方都有大会志愿者的引导服务。进入景区就能看到举着“通安客栈”“枕水酒店”“乌镇民宿”牌子的志愿者，会按照你想进入的不同区域，进行带路引导。来自浙江外国语学院的志愿者宣涵旎说，他们在来乌镇之前进行了一个多月的礼仪培训。“路线我们已经走了无数遍了，你随便报一个地名，我就能把你带到。”乌镇景区内小路很多，但是每个路口都有相应的志愿者和指示牌。

请问：乌镇互联网大会是如何进行媒体接待的？

(4) VIP 客户接待

在 VIP 客户到达之前，要提前半小时在主场展厅正门口铺设红地毯，控制正门人员进出；提前 15 分钟通知相关人员到正门口欢迎，通知保安部门之一维持车辆畅通及车位预留。

VIP 客户抵达后，接待人员上前开车门、护顶，主办方领导上前与之握手，表示欢迎。接待人员引领至接待室，奉上茶歇，稍事休息。随后向 VIP 介绍展会基本情况，简要确认其行程。根据客人行程安排，协调相应部门进行落实，协调各项具体接待工作，保证给 VIP 客户提供最高优质服务。随后，陪同 VIP 参观展会或参加某项活动。

(5)客户投诉接待

展会期间要及时听取老客户的反馈，这非常关键，如果处理不好，会让整个展会效果起负作用。在展览会现场假如遭遇客户投诉，要将客人引至不引人注意的一角，平复客人怒气，为客人奉上茶水；耐心认真倾听客户诉说，切忌打断或反驳客人，用恰当表情表示对客人遭遇的同情，并做好投诉记录；及时调查问题，了解真相；将调查结果和事实真相及时向客户反馈，争取获得客人谅解；再次倾听客人建议。

案例分析

当牛奶中发现苍蝇后

某日，在某购物广场，顾客服务中心接到一起顾客投诉，顾客说从商场购买的“晨光”酸牛奶中喝出了苍蝇。投诉的内容大致是：顾客李小姐从商场购买了晨光酸牛奶后，马上去一家餐馆吃饭，吃完饭李小姐随手拿出酸牛奶让自己的孩子喝，自己则在一边跟朋友聊天，突然听见孩子大叫：“妈妈，这里有苍蝇。”李小姐寻声望去，看见小孩儿喝的酸牛奶盒里（当时酸奶盒已被孩子用手撕开）有只苍蝇。李小姐当时火冒三丈，带着小孩儿就来商场投诉。正在这时，有位值班经理看见便走过来说：“你既然说有问题，那就带小孩儿去医院，有问题我们负责！”顾客听到后，更是火上加油，大声喊：“你负责？好，现在我让你去吃10只苍蝇，我带你去医院检查，我来负责好不好？”边说边在商场里大喊大叫，并口口声声说要去消协投诉，引起了许多顾客围观。

该购物广场顾客服务中心负责人听到后马上前来处理，赶快让那位值班经理离开，又把顾客请到办公室交谈，一边道歉一边耐心地询问了事情的经过。询问重点：1. 发现苍蝇的地点（确定餐厅卫生情况）；2. 确认当时酸牛奶的盒子是撕开状态而不是只插了吸管的封闭状态；3. 确认当时发现苍蝇是小孩儿先发现的，大人不在场；4. 询问在以前购买“晨光”牛奶时有无相似情况。在了解了情况后，商场方提出了处理建议，但由于顾客对值班经理“有问题去医院检查，我们负责”的话一直耿耿于怀，不愿接受商场方的道歉与建议，僵持了两个多小时，依然没有结果，最后商场负责人只好让顾客留下联系电话，提出换个时间与其再进行协商。

第二天，商场负责人给顾客打了电话，告诉顾客：我商场已与“晨光”牛奶公司取得联系，希望能邀请顾客去“晨光”牛奶厂家参观了解（晨光牛奶的流水生产线上生产、包装、检验全过程全是在无菌封闭的操作间进行的），并提出，本着商场对顾客负责的态度，如果顾客要求，我们可以联系相关检验部门对苍蝇的死亡时间进行鉴定与确认。由于顾客接到电话时已经过了气头，冷静下来了，而且也感觉商场负责人对此事的处理方法很认真严谨，顾客的态度一下缓和了许多。这时商场又对值班经理的讲话做了道歉，并对当时顾客发现苍蝇的地点（并非是环境很干净的小饭店）、时间（大人不在现场、酸奶盒没封闭，已被孩子撕开）等情况做了分析，让顾客知道这一系列情况都不排除是苍蝇落入（而非牛奶本身带有）酸奶的因素。

通过商场负责人的不断沟通，顾客终于不再生气了，最后告诉商场负责人：他们其实最生气的是那位值班经理说的话，既然商场对这件事这么重视并认真负责处理，他们也不会再追究了,他们相信苍蝇有可能是小孩儿喝牛奶时从空中掉进去的。顾客说:“既然你们真的这么认真地处理这件事,我们也不会再计较,现在就可以把购物小票撕掉,你们放心,我们会说到做到的,不会对这件小事再纠缠了!”

请问:该商场是如何进行客户投诉处理的?此投诉处理得成功吗?

3. 展会结束阶段

在展览会结束阶段,接待人员要做的是收尾服务。

(1)展后活动安排

展后结束后,有些主办方会安排答谢宴会,或者展商等参展人员要在当地进行旅行活动,因此,接待人员要协调酒店、旅行社等相关部门做好接待事宜。

(2)返程告别

在展览会即将结束后,协助参展商、专业观众及其他展会参加者安排返程,提前预订车票、机票,并对参加人员致谢,感谢他们对展会的支持。“这几天辛苦您啦。”“感谢您对我们本届展会的支持!”“期待下届展会再见!”

(3)完成其他未尽事宜

参展人员接待其他未尽事宜应在客人走后及时完成,以免让客人觉得“人走茶凉”,影响下一届展会工作的顺利进行。

小贴士

展览会接待人员要求

1. 坚持有利公务、简化礼仪、务实节俭、杜绝浪费、尊重少数民族习惯的接待工作原则。

2. 掌握信息,充分了解客人基本情况。

3. 根据客人目的、活动时间和领导要求拟订接待方案。

4. 预先联系预留接待任务需要的客房、餐厅、会议室。

5. 将制定好的接待草案分送各接待主管领导及相关领导审阅、修改、定稿。

6. 重要接待任务,在制定接待方案的基础上,印制接待手册。

7. 接待方案确定后,及时与民航、铁路、收费站、公安、新闻、卫生、气象、宾馆、饭店等部门联系,安排落实工作任务。

8. 通知有关领导和部门迎接的时间、地点、方式,组织好迎接活动。

9. 按照接待方案分工,做好客人在活动期间的食宿行安排和有关服务工作。

10. 通知有关领导和部门送行的时间、地点、方式,组织好送行活动。

11. 及时审核、结算发生的接待费用,并收集发生费用的原始资料备存。

二、会议接待礼仪流程

1. 会前接待准备阶段

(1)建立接待机构,确定接待规格,拟订接待计划

会议接待工作是一项繁杂的工作,任何一点礼仪上的失误都可能造成不好的影响。因此,中大型会议接待一定要有专门接待机构。接待机构内部要有明确分工,责任到人。同时,根据接待人员确定接待规格,例如根据不同级别的参会人员确定不同规格的接待车辆、餐饮接待规格及用餐形式等。接待计划要涵盖吃、住、行、娱乐、安全等方面,接待计划要有弹性,留有余地,在可能容易出现纰漏的环节,确定切实可行的补救措施。

(2)布置好会场

布置会场是会前接待准备的重要部分。会场的布置包括会场四周的装饰和坐席的配置。一般大型的会议,根据会议内容,在场内悬挂横幅,门口张贴欢迎和庆祝标语。可在会场内摆放适当的轻松绿植、花卉;为使会场更加庄严,主席台上可悬挂国旗、党旗或悬挂国徽、会徽。现代化的会议离不开各种辅助器材,在召开会议之前,就应该把各种辅助器材准备妥当。这些资料包括桌椅、名牌、茶水、签到簿、名册、会议议程、黑板、白板、笔等。桌面上如需摆放茶杯、饮料、与会者资料、座位卡时,应摆放美观、统一,并提前落实会议期间的会场签到、引座、倒水、安全保卫等问题。会场布置应该根据会议性质,突出主题,商务会议要做到简洁、典雅。

(3)熟悉相关资料

作为会议接待人员,要准确了解和熟悉所接待会议的目的、内容、会期,与会人员层次、数量、性别、年龄、国籍、民族等信息;涉外会议还要了解参会人员的宗教信仰、风俗、习惯、忌讳、饮食起居等方面的信息;与会人员乘坐的交通工具、到达时间、是否需要接站等事宜。这是做好会议接待礼仪服务的基础。

与此同时,会议接待人员储存相关人员联系方式,以便遇见无法独立解决的问题能够及时联系相关人员进行处理。

(4)接待人员个人形象检查

会议接待人员在会前要进行个人形象检查。检查面部是否干净整洁,手部是否洁净,无长指甲,无醒目指甲油;口气是否清新,去除不良体味,女士可喷淡香型香水;发型是否干净利落,男生应为短发,女士发型应大方文雅;就个人修饰方面,女士要化淡妆、束发,可佩戴简单饰品,不宜夸张;检查个人着装是否得体,精神状态是否饱满,是否充满活力与干劲。

案例分析

小王是一名刚毕业的大学生,目前就职于一家会议策划运营公司。小王是一个爱美的姑娘,指甲经常涂各种深颜色指甲油,呈五颜六色状,同时小王喜欢化浓妆,她自己觉得这样才好看,才是美的。有一次,部门经理安排小王负责某会议接待工作,看到小王以这种形象出现,经理严厉地批评了小王,认为她不具备会议接待人员基本素养,缺乏基本的职业素养。

请分析:部门经理为什么批评小王,并如此评价她?

2. 会中接待服务阶段

(1)迎接服务

一般参会人员可由会务工作人员前往机场、车站、港口进行迎接,接待人员应在参会人员抵达之前在场等候,万万不能迟到。一般大型会议都会在重要机场、车站、港口安排专人负责接待,有会议专用车在重要交通枢纽进行摆渡。与参会人员会面后要主动问候,如“您一路辛苦啦!”“欢迎您的到来!”征得参会人员同意后帮助参会人员将行李提到车上,打开车门,请参会人员上车。待参会人员坐稳后再关上车门。到达目的地后,接待人员先下车把车门打开,请参会人员下车,并将参会人员引至会议接待大厅。

会议接待人员与陪同人员应在大厅迎接参会人员,由陪同人员亲自引领参会人员前往会议签到处。陪同人员引导参会人员到签到处签到,接待人员应请参会人员出示请帖或参会邀请函进行签到。

参会人员签到后,应尽快安排参会人员食宿。为表示对参会人员的尊重,应将食宿安排意图告诉参会人员,征得参会人员同意后,帮助参会人员办理住宿手续并将参会人员引入客房。参会人员住下后,应告诉参会人员就餐时间、地点,并向参会人员介绍各项服务设施,附近的公共服务场所、交通情况等。然后离开房间,到大厅接待等候。值得注意的是,除非特殊情况,一般情况下先让参会人员稍事休息,而不是直接把参会人员带到餐厅或安排参会人员与他人会面。因为参会人员旅途疲惫,很可能觉得自己形象不佳而感到难为情。

(2)会场引导就座服务

会务人员、礼仪人员、服务班组人员应在会议规定时间前20分钟各就各位,以真诚的微笑、饱满的精神及规范的姿态,准备迎候与会宾客的陆续到来。会议接待人员应礼貌地将与会者引入会场就座。对重要领导应先引入休息室,由企业领导亲自作陪,会议开始前几分钟再到主席台就座。与会者坐下后,接待人员应递茶,或递上毛巾、水果,热情地为与会者解答各种问题,满足各种要求,提供尽可能周到的服务。

会议举行期间,对与会的贵宾以及老、弱、病、残、孕者,少数民族人士、宗教界人士、港澳台同胞、海外华人和外国人,往往还须进行重点照顾。对于与会者的正当要求,应有求必应。

(3)会议期间服务

会议正式开始后,接待人员可站在会场后方或一侧,防止无关人员对会议的打扰和对晚来客人告知。切忌在会场中随意走动、讲话、看报、玩手机,要随时服务参会人员。如与会人员需要笔、纸时及时递上,与会人员发言时要积极主动为客人接电脑投影线路,主动提供激光笔。会议期间的茶歇,应在茶歇开始前十分钟做好准备。

(4)会议现场记录

凡重要的会议,均应进行现场记录,其具体方式有笔记、打印、录入、录音、录像等。可单用某一种,也可交叉使用。负责手写笔记会议记录时,对会议名称、出席人数、时间地点、发言内容、讨论事项、临时动议、表决选举等基本内容要力求做到完整、准确、清晰。

(5)餐饮安排

举行较长时间的会议,一般会为与会者安排会间的工作餐。接待人员在餐厅入口处引导安排与会人员就餐,并告知相关事宜。

对于会议期间的正式晚宴,应在餐桌上摆放桌号提示牌,或提供座位用于表示就座的次序,可在参会人员的请柬上标明就餐的餐桌号。接待人员指引来宾到事先指定的位置坐好。一般是先引主宾,后引一般来宾依次入座。如果有女宾,则先引女宾后引男宾入座。如若规模较大,也可先将一般客人引入座位,然后引主宾入座。接待人员应将椅子从桌子下面拉出,扶好后请客人落座。

3. 会议结束阶段

(1)会后活动安排

组织活动会议结束后,有时还会安排一些活动。如联欢会、会餐、参观、照相等,这些工作很烦琐,应有一位领导统一指挥和协调,而且这位领导要有很强的组织能力才能胜任,同时,其他接待人员要积极配合,各负其责,做好自己分担的工作,以保证活动计划的顺利实施。

(2)安排与会人员返程

会议结束阶段,安排返程准备工作应提前做好。按当地预订车、船、飞机的时间,提前登记,并派专人负责购票事宜,并及时将票送到客人手里,结算各项费用。安排好送行车辆及送行人员,适时地将客人送到车站、机场、码头,并向与会人员致谢,友好话别,欢迎与会人员再次光临。

(3)总结收尾

参会人员送走之后,接待工作还没有结束,仍有一些收尾工作需要处理。例如客人委托的事情,一定要妥善办理。如通知参会人员接站时间及所乘班次,邮递会议资料或照片等。

小贴士

会展礼仪接待服务要求

在会展活动中做好礼仪接待服务工作并不容易,对于礼仪接待服务的要求如下:

1. 安排有序。每个工作人员在活动过程中承担什么角色、要做什么样的工作都已经事前确定,不能出现手忙脚乱、不知所措的现象。

2. 行为规范。所有参加礼仪接待服务的工作人员应按标准的商业行为规范来引导和服务客人,统一的服饰、统一的礼貌用语、统一的行走站立姿势、统一的商业礼仪训练,使客人感受到所有的人员都训练有素,是一支专业的服务队伍。

3. 态度真诚。可人的微笑,亲切的问候,细声的叮咛,耐心的解说……这些都是礼仪接待人员良好素质的表现,也是人们对礼仪接待服务的基本要求。同时,礼仪接待人员应具备一定的应变能力和解说能力,能灵活应对客人提出的各种问题。

4. 富有个性。根据展会活动的形式和内容,礼仪接待服务的形式也可以设计得富有个性和特色,通过礼仪接待服务来凸显展会活动的特色和主题。

拓展提高

会展礼仪接待服务策划技巧

要做好一个会展的礼仪接待服务,事前的策划是十分必要的。要做好会展礼仪接待服务需要回答以下几个问题:

1. 会展活动的内容和主题是什么?有什么特色?

不同性质的会展活动在表现形式上是不同的,因此,在接待服务的表现形式上也就有所差异。如会议活动和展览活动。展览活动和大型节庆活动的礼仪接待服务的表现形式不同,有些活动需要热闹,有些需要安静;同样是展览活动,不同的主题和内容,其礼仪接待服务的要求也不同。例如汽车展的礼仪接待服务可以比较活泼欢快,具有现代感;化妆品展的礼仪接待服务则可以时尚前卫。

2. 整个会展活动的程序安排如何?有哪些地方需要安排礼仪接待人员?需要多少?

了解会展活动的程序安排是进行礼仪接待人员配备的重要信息输入。如果会展活动的开幕式有重要嘉宾参加,还伴随有不同规模和场次的会议或讲座,会展活动参与人员的数量较多,这时就需要场馆管理者确定在什么时候、在哪些地方、安排多少名礼仪服务人员,他们的主要工作任务是什么,在完成开幕式后,他们还须被安排到哪里去服务。在安排礼仪接待服务时,要注意考虑如何提高服务效率,减少服务费用。

3. 对礼仪接待人员的素质和个性要求如何?

在策划礼仪接待服务时,要考虑到服务的参会人员的类型和特点。如有较多国外嘉宾参加的展会活动,则安排的礼仪接待人员应有良好的文化修养和外语水平。如果是专业性较强的学术会议,还可以考虑安排该专业的大学生负责礼仪接待工作,既便于与会议代表沟通,又能使该专业的学生获得学习的机会。如果展会活动正式庄重,则需要安排庄重典雅的礼仪接待人员。若展会活动活泼热烈,则可选择性格活泼、开朗大方的礼仪接待人员。

4. 活动过程中需要用到哪些礼仪用品?

礼仪接待服务过程中不能忘记准备展会活动中所需的礼仪用品,如剪彩活动时所需的金色剪刀、绸布球、托盘、礼花等;签字活动中的文件及文件簿、签字笔、葡萄酒等;舞狮表演时所需的点睛毛笔和墨水;颁奖仪式时所需的奖状、奖杯、奖牌、证书、锦旗、奖金信封、鲜花、吉祥物等;捐赠仪式所需的支票模型、捐献证书、鲜花等。这些礼仪用品什么时候使用,使用的顺序如何,都要事先与礼仪接待人员交代清楚,以防出错。

5. 礼仪接待人员应穿何种类型的服装以配合活动的展开?

在人们的脑海中,礼仪接待人员就是身材高挑,穿着红色长旗袍的礼仪小姐和迎宾小姐。其实,礼仪接待人员的着装形式可以是多样的,通过着装应反映出会展活动的特色。如汽车嘉年华的礼仪小姐可以穿具有现代感和运动感的服装;啤酒节的礼仪小姐则可以穿戴时髦、前卫、性感的超短裙,以彰显个性;商务谈判会议的礼仪小姐可以穿较为传统的职业套装,以显示庄重和谨慎。在服装的色泽上,也要考虑活动的主题色调,尽可能与现场的色调相协调。

思考练习

一、填空题

1. 会展活动的________是会展活动中一道亮丽的风景线，它已经融入到活动的整个过程中。
2. 对于________专业观众，要有专门接待人员进行现场接待。在展览现场进行接待时，作为接待人员，首先要向客人进行自我介绍：您好，我是此次展会的随行秘书××，很高兴为您服务。在陪同客人参观展会时向客人介绍展会展商情况，并回答客人提问。
3. ________的观众可以通过展览会接待部门提前安排预约，有组织地安排场地进行有序参加。
4. 专业观众入场参观之前，通过________等方式，反复宣传参观须知，介绍展会相关情况。场馆内有明显的导引标志，指明参观线路。
5. 在 VIP 客户到达之前，要提前________在主场展厅正门口铺设红地毯，控制正门人员进出。

二、判断题

1. 在展览会结束阶段，接待人员要做的是收尾服务。（　　）
2. 会议接待工作是一项繁杂的工作，任何一点礼仪上的失误都可能造成不好的影响。因此，中大型会议接待一定要有专门接待机构。（　　）
3. 一般大型会议都会在重要机场、车站、港口安排专人负责接待，有会议专用车在重要交通枢纽进行摆渡。（　　）
4. 参会人员送走之后，接待工作已经结束，没有收尾工作需要处理。（　　）
5. 会务人员、礼仪人员、服务班组人员应在会议规定时间前 5 分钟各就各位，以真诚的微笑、饱满的精神及规范的姿态，准备迎候与会宾客的陆续到来。（　　）

三、简答题

展览会接待礼仪流程是什么？

学习任务2　客户签到验证

任务概述

对于会议或展览而言，无不希望有良好的秩序。井然有序地组织客户签到，是维护良好秩序的重要保障。如果是小型会议，签到相对简单，仅仅是名录登记。但如果是大型会议或者展览，那么签到就是一项复杂的工作。大型会议如果想要签到过程不出现混乱，必要的流程及准备是必需的，大型会议可以采用新型客户验证签到方式，快捷方便；展览由于涉及参展商、专业观众、普通观众、媒体、VIP 等，有些展览附带有展中会，还有的带有技术交流或者论坛性质，所以通常会对所有展商或者参展人员进行身份及级别分类，其签到控制程序相对复杂。在本任务中我们主要学习组织客户签到验证程序和各种签到验证方式。

任务目标

- 能够为会议参会人员提供签到验证服务
- 能够为展览会参会人员提供签到验证服务
- 能够清楚客户签到验证方式

学习内容

一、展览会客户签到验证

在展览会现场，接待的客户主要包括参展商、专业观众、普通观众、VIP 观众、媒体等客户，展览会现场客户签到验证是在与会者正式入场时收集有关人员基本信息的过程，所有参会人员都必须进行现场登录。由于展会现场人流较大，可进行分类接待，根据不同类别采用不同的登记方式。

1. 展商签到验证程序

(1)按参展服务指南的规定，根据签订的参展合同核对客户身份；

(2)身份核实无误后，根据参展费交纳凭证核实参展缴费情况，若参展商尚未交纳参展费或未全额交纳参展费，应要求其在现场缴清参展费后再办理签到手续；

(3)展商缴费完毕后，向展商发放参展证、布展证及相关资料，同时接受客户咨询；

(4)签到完成，引导展商进行下一步工作。

2. 专业观众签到验证程序

(1)按照展会官网专业观众预登记记录，核实专业观众身份；

(2)身份核实完毕后领取专业观众证及相关资料；

(3)为 VIP 专业观众安排展会秘书，陪同指引 VIP 专业观众参观展会，并服务货物采购咨询相关事宜；

(4)签到完毕，引导专业观众进行下一步工作。

3. VIP 观众签到验证程序

(1)重要嘉宾一般采用绿色通道；

(2)由主办方负责，设专人负责，进行“一对一”签到服务。

4. 外宾、媒体签到验证程序

(1)对于外宾、记者，设立海外和媒体通道；

(2)协助填写提交名片或填写调查表；

(3)引导至媒体接待室或休息室。

5. 其他人员签到验证程序

(1)团体观众签到验证程序

①对于团体观众开通快速通道;

②协助团队观众提交信息或名片;

③协助团队观众快速办理团队所有人员的证件。

(2)普通观众签到验证程序

①为普通观众开设一般通道;

②协助参会人员提交名片、填写调查表;

③快速办理展览会参观证件。

在现场签到验证时,除了分为几类通道,为了便于识别,通常还要分发不同颜色的胸卡将与会者分类,如设定红色胸卡为贵宾,黄色胸卡为观众,蓝色胸卡为参展商,绿色胸卡为展会工作人员等。

小贴士

展览会客户签到地点的选择注意事项

展会签到地点大多选择在展览场馆。签到处一般应安排在展览场馆的主要进口处,如正门门口或序厅大堂,要求是位置明显,人员往来和疏散较为方便。许多展览场馆尤其大型展览场馆,一般设有固定的地点,供展览会组织机构接待客户签到。如位于上海浦东的上海国际会展中心,就在序厅设有参展客商签到的场所,并配有适合接待工作的办公家具。

无论是展览场馆配设的地点,还是展览会组织机构临时在展览场馆安排的地点,展览会组织机构均应在展览会签到工作开始前做好接待准备工作,尤其值得注意的是临时在展览场馆安排签到地点,一般需要搭建接待签到设施,通常的做法是搭建标准展位作为签到接待处。搭建临时接待签到处,一般搭建在参展客商及布展人员进出展览场馆的必经之处。搭建完毕后需在开口处设接待台,在楣板处醒目标明"参展商接待处""专业观众签到处""媒体接待签到处""VIP 客户签到处"等字样,以利参展人员容易看到。

二、会议客户签到验证

1. 客户签到前准备性工作

(1)准备分装相关材料

在大型会议开始前一天或前几天要做好以下准备性工作:整理完毕参会回执单,确定参会人员到达时间、列车或航班班次,是否要求接站,住宿要求;整理好签到表格或其他签到设备;分装好会议材料文件袋,会议材料主要包括会议代表证、会议日程安排表、会议相关文件、笔记本、笔。

(2)准备相关物品

会议签到接待前需要准备的相关物品,具体包括:会议横幅或 LED 显示字幕;与会房间分配表;会议签到导引指示牌。传统会议一般会悬挂会议横幅,现代大型会议尤其是国际会议一般采用现代电子信息技术、LED 屏幕显示字幕或其他电子信息技术布置签到接待现场。在客户签到之前,需进一步确定相关布置材料是否准备完毕,对横幅上的字或 LED 屏幕显示字幕文字进行确认。需与酒店前台再次确定与会房间,确认房间分配表。确认会议签到导引指示牌准备无误。

(3)安排签到接待人员

一般情况下,签到服务人员应该不少于 6 人。其工作时间应该根据会展参与人员抵达时间合理分配。在签到接待之前要对签到服务人员进行相关培训,会场服务人员应稳重大方、礼貌用语,善于处理签到现场突发情况。

2. 会议签到工作程序

(1)在酒店门厅悬挂欢迎条幅或设置欢迎导引牌或开设 LED 欢迎字幕;

(2)在门厅处设置签到处,设置专人协助参会人员签到服务;

(3)参会人员签到后现场交纳会务费或出示参会转账凭证,领取会议资料;

(4)若有可供选择的考察活动,可协助参会人员登记考察活动信息;

(5)协助参会人员凭签到单到酒店前台办理入住手续;

(6)询问参会人员返程票预订事宜,并协助参会人员进行返程票信息确认;

(7)签到完毕,指引参会人员到房间休息。

拓展提高

会议与展览服务规范①

1. 范围

本标准规定了会议与展览服务的术语与定义、基本要求、设施环境、质量要求及质量保证与监督。适用于山东省内可提供会议与展览服务的组织机构。

2. 规范性引用文件

下列文件中的条款通过本标准的引用而成为本标准的条款。凡是标注日期的引用文件,其随后所有的修改单(不包括勘误的内容)或修订版均不适用于本标准,然而,鼓励根据本标准达成协议的各方研究是否可使用这些文件的最新版本。凡是不标注日期的引用文件,其最新版本适用于本标准。

GB 2894　安全标志

GB/T 10001.1　标志用公共信息图形符号

GA 654　人员密集场所消防安全管理

① 说明:目前,全国尚没有统一完善的会议与展览服务管理规范和标准,没有专属法律保护条例。此会议与展览服务管理规范和标准是山东地方标准。

SB/T 10358　专业性展览会等级的划分及评定

《展览工程企业资质等级管理办法》

3. 术语和定义

下列术语和定义适用于本标准。

3.1　会议是指人们怀着各自相同或不同的目的，围绕一个共同的主题，进行信息交流或聚会、商讨的活动。

3.2　展览是指为了展示产品和技术、拓展渠道、促进销售、传播品牌而进行的一种宣传活动。

3.3　顾客是为满足物质和精神文化需求进行参与活动的主体，是服务活动的需求者和接受者。

3.4　管理部门是为做好接待服务工作，按照实际需求而成立的指挥、组织协调及保障机构。

3.5　管理人员是机构中从事管理和协调工作的人员。

4　基本要求

4.1　从业机构应取得合法资质，符合国家法律、法规要求。

4.2　从业人员

4.2.1　仪容仪表

4.2.1.1　上岗着工作装，服饰整洁，佩戴服务标志牌。

4.2.1.2　仪表端庄，举止大方，态度和蔼，讲究礼仪。

4.2.2　服务语言

4.2.2.1　使用文明礼貌用语，语言简明、通俗、清晰。

4.2.2.2　对国内顾客使用普通话，对外国顾客使用外语，或选择能与顾客有效沟通的语言。

4.2.3　服务态度

4.2.3.1　礼貌服务，热情周到。

4.2.3.2　回答问题要迅速、准确、耐心，有问必答。

4.2.3.3　对待顾客不分种族、国籍、民族，一视同仁。

4.2.3.4　尊重顾客的民族习俗和宗教信仰。

4.2.3.5　认真及时地处理顾客的需求、意见和建议。

4.2.4　业务技能

4.2.4.1　应具备所从事岗位（所任职）相适应的或要求的专业技术等级。

4.2.4.2　管理人员应熟悉有关法律、法规和行业有关规定，熟悉相关管理规范和服务标准。服务人员能熟练掌握其所从事岗位（所任职）的专业基础知识、作业规范和服务技能技巧。

4.2.5　职业道德

4.2.5.1　遵守国家法律法规，保护顾客的合法权益。

4.2.5.2　有良好的职业道德观念、道德情操和道德风尚。

4.2.5.3 树立诚实守信、团结协作、尊重顾客、爱岗敬业的良好风气。

5 环境设施

5.1 公共设施

5.1.1 公共信息标志标识应符合 GB 2894 和 GB/T 10001.1 的要求。

5.1.2 主要建筑物、交叉路口和服务场所等应设置指示标志和导向标志。

5.1.3 停车场布局合理,规模适当,设施完善,设机动车出入口与人员通道。

5.1.4 应设置符合会议与展览需求的公共卫生设施和物品寄存设施。

5.1.5 设立吸烟区和网络区,符合服务需求。

5.1.6 垃圾箱布局合理,标识明显,造型美观,与环境相协调。垃圾箱应分类设置,清扫及时。

5.1.7 应设置商务中心,提供国际国内公用电话、传真、打印、复印、刻字等服务。

5.2 会议室

5.2.1 会议桌椅、演讲台应布局合理,干净整洁,数量适宜,有专人管理。

5.2.2 可根据会议服务需求提供投影仪、幕布、写字板、音响设备、鲜花绿植、杯具等服务物品。

5.2.3 可根据会议服务需求提供贵宾休息室。

5.3 展馆

5.3.1 展馆的建筑及运行管理应符合现行国家消防、安全、卫生、环境保护等有关法规和标准。

5.3.2 展馆内布局合理,标识应规范、准确、齐全、醒目。

5.3.3 设立问询处,并配备广播服务系统,随时为顾客免费提供急事、难事、险事的求助服务。

5.3.4 出入口、主要通道、水池边等危险地段应设立警示标志,并应有完好有效的照明设备。

5.3.5 外环境适宜展会,参展货物进出方便,且安全便捷,有完善的道路管理制度。

5.3.6 动力设备、设施应确保安全有效运行,有完善的设备管理制度。

6 会议服务

6.1 预订服务

6.1.1 开展柜台、电话和网络预订会议业务。

6.1.2 接收会议预订时,应建立完整的预订记录。

6.1.3 根据业务需要开展会议预订再证实业务。

6.2 会场布置

6.2.1 应符合会议服务需求及会议现场气氛。

6.2.2 会场布置包括签到区布置和会议现场布置。

6.2.2.1 签到区布置主要包括:

a)签到台的布置:桌椅、桌布等;

b)会议指示牌的摆放。

6.2.2.2　会议现场布置主要包括：

a)会议背景搭建及背景喷绘的装饰；

b)主席台及会场的布置：桌椅、桌布、桌签、桌花、话筒、口杯等；

c)屏蔽器、投影仪、幕布等会议用品的准备；

d)地毯铺设、盆花摆放；

e)音响、灯光的配置安装；

f)主题标语的悬挂。

6.3　现场服务

6.3.1　根据会议规模配备相应的服务人员提供现场及全程跟踪服务。

6.3.2　根据会议服务需求或会议流程提供音响伴奏或灯光照明。

6.3.3　应提供饮水服务，可根据会议需求提供茶歇服务。

6.3.4　对重要参会人员和老、幼、病、残、孕等人员提供特殊服务。

6.3.5　举办国际会议时，可提供同声传译设施。

7　展览服务

7.1　营销策划

7.1.1　可策划、组织和承办国内外各类型展览及相关活动。

7.1.2　承办的国内外各类型展览应符合 SB/T 10358 的要求。

7.1.3　有较完善的销售网络系统、价格管理制度和销售评审机制。

7.1.4　能够提供售前策划、售中协调、售后跟踪的营销全过程服务。

7.2　现场服务

7.2.1　可提供商务、餐饮、保安、保洁、物流运输、咨询及相关的配套服务。

7.2.2　可提供展位的搭建、展具租赁及搬运服务业务；展具应符合国家有关产品质量和安全卫生的规定和标准。

7.2.3　做好入场检查工作。需要出示门票或证件时，能检查到位。

7.2.4　根据展览规模配备相应的服务人员提供现场及全程跟踪服务。

7.2.5　对展会中各类信息进行收集，并形成记录。

7.2.6　展会期间应配备必要的紧急药品，建立医疗急救措施和制度。

7.3　广告庆典

7.3.1　根据客户需求和展会规模，提供庆典、礼仪服务。

7.3.2　提供固定及临时广告位的租赁及制作。

7.4　特装工程

7.4.1　根据展会内容、规模及顾客需求提供展览工程的设计、制作和施工。

7.4.2　展览工程设计、施工方应符合《展览工程企业资质等级管理办法》的相应要求。

8　安全与保障

8.1　应符合 GA 654 的要求。

8.2　应协助主办方制定安全、保卫方案，采取有效措施保障方案的实施。

8.3 确保设备设施在服务过程中的正常运行，无安全隐患，保证人身安全。

8.4 特装设计、制作及安装应符合安全操作要求，无安全隐患。

8.5 应建立应急预案机制。

9 服务质量的监督

9.1 质量监督

9.1.1 应接受顾客监督，并做详细记录。

9.1.2 积极配合行政管理部门和行业管理部门的监督、检查。对在监督、检查中发现的问题，应及时整改，确保符合国家有关法律法规的规定。特别是对未履行安全规定或服务设施、设备不符合保障顾客安全要求时，应立即整改，以确保客户的人身和财物安全。

9.2 投诉处理

应定期或不定期收集和整理各方的反馈意见和建议，按照 GB/T 17242 的要求，建立完善的客户投诉处理制度。处理顾客意见或建议时应认真及时，记录完整。

思考练习

一、填空题

1. 展览会现场________是在与会者正式入场时收集有关人员基本信息的过程，所有参会人员都必须进行现场登录。
2. 在现场签到验证时，除了分为几类通道，为了便于识别，通常还要分发________颜色的胸卡。
3. 一般情况下，签到服务人员应该不少于________人。
4. 在展览会现场，接待的客户主要包括________、专业观众、普通观众、VIP 观众、媒体等客户。
5. 现场签到登记时，重要嘉宾一般采用________，方便快速通过。

二、判断题

1. 若参展商尚未交纳参展费或未全额交纳参展费，应要求其在现场缴清参展费后再办理签到手续。（　　）
2. VIP 观众签到，一般设专人负责，进行“一对一”签到服务。（　　）
3. 会议签到接待前需要准备的相关物品，具体包括：会议横幅或 LED 显示字幕；确认与会房间和房间分配表；确定会议报到导引指示牌。（　　）
4. 在签到接待之前要对签到服务人员进行相关培训，会场服务人员应稳重大方、礼貌用语，善于处理签到现场突发情况。（　　）
5. 展览会现场可为 VIP 专业观众安排展会秘书，陪同指引 VIP 专业观众参观展会，并服务货物采购咨询相关事宜。（　　）

三、简答题

会议客户签到验证程序有哪些？

学习任务3 验证设备

任务概述

电子签到方式在中大型会议和活动中应用越来越广泛，作为现代社会公关人员非常有必要了解这些电子验证设备的使用方法，能够熟悉并灵活使用各种电子验证设备。在本任务中，我们主要学习多媒体电子签到机、二维码电子签到验证墙、通道签到机、条形码签到验证设备的使用方法。

任务目标

- 能够使用多媒体电子签到机
- 能够使用二维码电子签到验证墙
- 能够使用通道式签到机
- 能够使用条形码签到验证设备

学习内容

一、客户签到验证方式

1. 传统签到验证方式

采用传统签到方式，签到台要做好相关物资的准备，签到台上要有鲜花、签到簿或签证、签字笔，同时要有签到接待人员。一般参加会议或展览的人员在进入会议场所或场馆时要签到。签到是为了及时、准确地统计人数，便于安排工作。有些会议只有达到一定人数才能召开，否则会议通过的决议无效。因此，签到是一项重要工作，是出席时也是会中任务的重要工作内容之一。会议签到一般以下几种方法：

(1)簿式签到

参与人员在工作人员预先备好的签到簿上按要求签置自己的姓名，表示到会。签到簿上的内容一般有姓名、职务、所代表的单位等，参与人员必须逐项填写，不得遗漏。簿式签到的优点是利于保存，便于查找。缺点是这种方法只适用于小型会议，一些大型会议，参加会议的人数很多，采用簿式签到就不太方便。

簿式签到示例如下：

×××××会议签到簿

<table>
<tr><td colspan="2">会议名称</td><td colspan="2"></td><td></td><td colspan="2"></td></tr>
<tr><td colspan="2">会议日期</td><td colspan="2"></td><td>地点</td><td colspan="2"></td></tr>
<tr><td colspan="2">主持人</td><td></td><td>职务</td><td></td><td>记录</td><td></td></tr>
<tr><td colspan="2">会议议程</td><td colspan="5"></td></tr>
<tr><td colspan="2">请假单位</td><td colspan="5"></td></tr>
<tr><td colspan="2">缺席单位</td><td colspan="5"></td></tr>
<tr><td>序号</td><td>姓名</td><td colspan="2">单位</td><td>职务</td><td colspan="2">联系方式</td></tr>
<tr><td>1</td><td></td><td colspan="2"></td><td></td><td colspan="2"></td></tr>
<tr><td>2</td><td></td><td colspan="2"></td><td></td><td colspan="2"></td></tr>
<tr><td>…</td><td></td><td colspan="2"></td><td></td><td colspan="2"></td></tr>
</table>

(2)证卡签到

工作员将印好的签到证事先发给参加人员,签证卡上一般印有活动的名称、日期、座次号、编号等,与会人员在签证卡上写好自己的姓名,进入会场时,将其交给工作人员,表示到会。其优点是比较方便,避免临开会时签到造成拥挤。缺点是不便于保存查找。证卡签到多用于大中型会议。

(3)工作人员代为签到

工作人员事先制定好参加本次活动的花名册,来一人就在该人名单后画上记号,表示到会,缺席和请假人员也要用规定的记号表示。例如:"√"表示到会,用"×"表示缺席,用"○"表示请假等。这种会议签到方法比较简便易行,但要求工作人员必须认识绝大部分参加人员,所以这种方法只适宜于小型和一些常规性会议活动。对于一些大型会议,与会人员很多,会议工作人员不能认识大部分人,逐个询问到会人员的姓名很麻烦,所以大型会议不适宜采用这种方法。

(4)座次表签到方法

工作人员按照会议模型,事先制定好座次表,座次表上的每个座位按要求填上合适的与会人员姓名和座位号码。参加人员到时,就在座次表上消号,表示出席。印制座次表时,与会人员座次安排要求有一定规律,如从×号到×号是某部门代表座位,将同一部门的与会人员集中一起,便于与会者查找自己的座次号。采用座次表签到,参加会议的人员在签到时就知道了自己的座次号,起到引导的效果。

2. 电子签到验证方式

电子签到验证系统是政府、机关、企事业单位在召开会议时,进行信息采集、统计、处理,并实现活动现场快速签到的一种新颖、智能电子签到方式。它凭借其高效、便捷、互动的签到特点及尊贵、新颖的用户体验,越来越受到会议主办方的青睐,并已成为会议会务活动现场的主流产品。一套智能签到系统主要由签到管理系统软件和签到设备(又叫签到机)两部分组成。签到管理系统软件的设计决定了最终会议现场签到方式的不同。现在的会议电子签到方式主要有以下几种:条形码签到、手机二维码签到、刷卡式签到、快速通道式签到、多媒体智能签到、手持式签到、指纹式签到。

二、电子签到验证设备的使用

传统签到方式的设备相对比较简单,这里只介绍电子签到验证设备的使用。

1. 条形码签到

条码签到方式应用时间较长,技术比较成熟,是现在会议签到系统的主流。条形码可以是一维码,也可以是二维码。条形码签到方式费用低、操作简单,适合学术会议、商务会议和展会等。具体方式是系统提前为每位参会者生成条形码,在会议的出席证或者邀请函上贴上条形码,现场由礼仪人员用扫描条码设备进行扫描,完成会议签到。条形码签到设备见图 2-3-1。

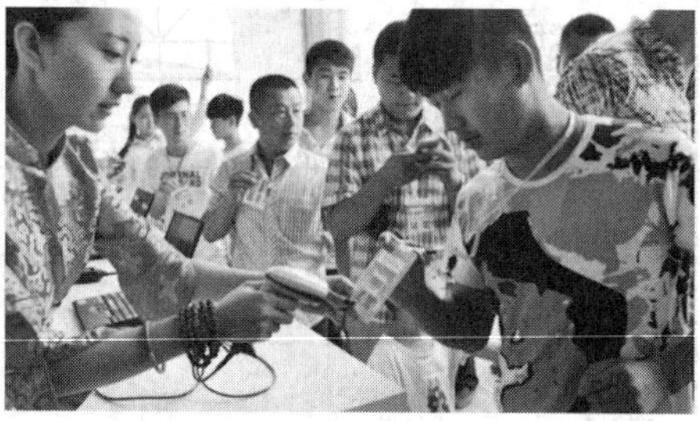

图 2-3-1

2. 手机二维码签到

二维码签到系统是近几年兴起的一种新型会议电子签到方式。手机二维码签到是指将会议签到信息保存到二维条码中,利用群发彩信或短信技术,将信息发送到参会者手机上。开会时,参会者出示二维码彩信或短信,使用特殊的二维码识别设备获取参会者的签到信息,完成会议的电子签到。该签到系统通过手机、二维码、移动互联网等技术,使会议组织者在会前能及时通知预邀嘉宾、发布活动资讯,会议现场能实时统计参会人员情况,在会后实现数据的统计分析。手机二维码签到方式及流程分别见图 2-3-2、图 2-3-3。

图 2-3-2

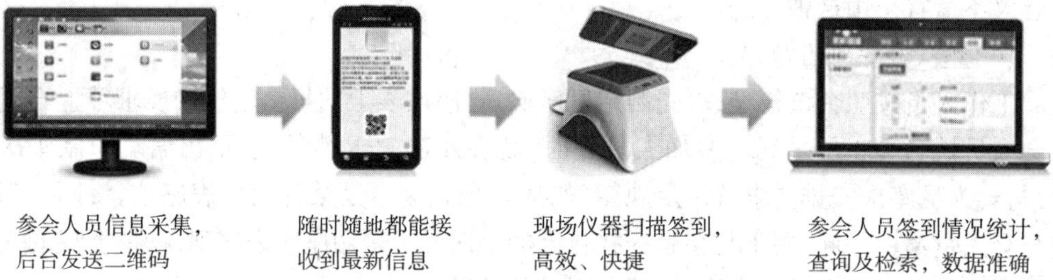

图 2-3-3

3. 刷卡式签到

刷卡式签到又称立柜式签到。在活动入口放置签到机,参会人员入场时只需要像坐公交车刷卡一样,轻轻接触或比较近地接触读卡器,就可以进行会议签到,同时签到机屏幕显示相关人员信息。立柜式签到方式,制卡成本比较低;会议签到速度比较快,一般不会太拥堵；现场也显得比较体面，能够显示出会议的档次，设备开始可以摆在会场门口作为会议签到，待会议签到结束后，就可以挪到餐厅门口，作为自助餐的就餐刷卡。刷卡式签到见图2－3－4。

图2－3－4

4. 快速通道式签到

快速通道式签到又称通道式签到。参会人员只需通过会议签到入口，系统就会快速识别验证参会人员信息，并可以在前方或侧面等离子大屏幕上显示欢迎信息。这是比较高档的方式，目前主要应用在人大、政协或一些比较高端的论坛或峰会中。快速通道式签到见图2－3－5。

图2－3－5

5. 多媒体电子签到

多媒体电子签到又名签到多媒体机，这是近年来出现在高端会议、大型公关活动上的一种新型互动签到方式，是伴随着新兴多媒体互动技术、多点触控技术、3G网络的应用发展而出现的一种新产品，它的功能已经远远超出了传统会议签到范畴，它是参会者与会议互动的桥梁和平台。从会议签到开始，通过融入互动元素让参会者与会议有更紧密的互动，从而达到会议营销与品牌推广的目的。

多媒体电子签到具有以下功能：电子签名、影像留存、座席引领、现场打印、同步显示、抽奖互动、数据加工。电子签名功能主要体现为来宾在触摸屏上用专用毛笔签名，以内嵌的毛笔书写艺术效果彰显主宾尊贵身份；影像留存功能体现在系统对来宾图像进行抓拍，并和签名自动合成一张图片，签名照现场打印；座席引领功能是指输入来宾姓名，系统能智能识别来宾的身份信息、座位信息并显示会场电子地图；现场打印功能体现在配备专业的照片打印机，打印签名照片，配备终端pos机，现场打印会场席位号及入住酒店信息、房间号，方便与会者查询入住信息；同步显示功能是指通过外接投影、LED屏，把每位来宾签名照片同步显示在会场大屏上，以各种动态特效方式显示照片；抽奖互动功能体现在外接大屏幕显示每位参会者签名影像合成图片，通过图片滚动抽奖。也可进行程序设计，把所有来宾签名图拼成企业logo以及文字显示多种特效；数据加工功能体现在对来宾信息数据进行深度挖掘，做成报表和影像资料提供给会议举办方。多媒体电子签到见图2－3－6。

图2－3－6

6. 手持式签到机签到

手持式签到又称PDA，它是指在具备SD卡接口的笔记本电脑、PDA、智能手机上插入一个SD卡接口的无线射频识别（RFID）读写器，配上相应的签到软件，就可以成为一个具有 RFID 读写能力的手持式读写器。一般来讲,通道式签到也需要和手持式签到机(PDA)相配合,主要有两个目的:一般现场有小门,有时候需要安排一个人拿手持式签到机进行签到;有时候主席台成员或贵宾并不从通道过,所以他们在贵宾室休息时就用手持式签到机对每位来宾进行签到。手持式签到机应用范围:人大、政协或比较高端的论坛等;会议预算比较充裕的客户。手持式签到机见图 2 -3 -7。

7. 指纹式签到

指纹式签到旨在帮助政府或企业部门组织高效、有效、安全的会议,指纹签到过程安全方便,参会人员无须佩戴任何卡片,避免了卡片丢失无法进入会场的问题。参会人员只需在会场入口处留下指纹,验证通过后即可入场。未登记的指纹均列为非法指纹,是无法通过验证的。指纹式签到主要满足现代大型会议对身份识别及签到等管理工作要求,特别适用于一些高级、重要的大型会议或活动。采用指纹验证安全性高,避免有人鱼目混珠。指纹签到机具体见图 2 -3 -8。

图 2 -3 -8

案例分析

CCTV 人物评选活动电子签到系统

项目背景

中央电视台中国经济年度人物评选截至 2012 年已经步入第 13 个年头。在过去的 12 年中,每年当选的年度人物都成为了中国经济的典型样本,通过年度人物,人们得以熟悉中国经济的年度面孔,感知中国经济的真实温度,见证中国经济前行的脚步,这也使得中国经济年度人物评选真正做到了"一榜知天下"。如今"中国经济年度人物"已成为中国经济界最具影响力的评选之一。

面临挑战

财经频道的这次活动分主会场、分论坛以及晚宴晚会几个环节,与会人员也很复杂,有 VIP 嘉宾、普通嘉宾和观众等等,要及时全面管理复杂的人员到会情况,这是传统的签到系统不能完成的任务。正邦在此次活动中运用了一套先进的现场电子签到系统,成功解决了以上问题。

解决方案

这套电子签到系统的关键是 RFID 射频技术,简单来说就是通过将具有射频信号发送功能的芯片植入到胸卡中,并且通过芯片的独有信号进行观众身份匹配识别。主要流程是与会人员先在活动网站上注册身份信息,会议当天在现场领取身份识别卡。每个会场门口装有身份识别终端,只要带着识别卡经过,终端就会自动识别信息,并记录。识别卡可以限制权限,通过识别系统的记录还能及时了解与会者的范围位置,方便会务管理。

最后成果

这套电子系统成功地在中国经济年度人物评选的现场发挥效用，帮助本次活动圆满举办。

试分析：电子签到系统在 CCTV 人员评选中是如何发挥作用的？

拓展提高

会展证件管理

证件管理是控制无关人员进入展馆的有效手段。重大会展和节事活动来宾多、部门多、车辆多，组委会为表示对来宾层次的区别，或对来宾身份的区别，往往分门别类，对各类人员制作不同的证件。通常来说，在展览会中，主办机构至少要印制 6 种证件，分别发放给参展商、专业观众、工作人员（包括主办机构、承办机构和协办机构的相关工作人员）、筹（撤）展人员、媒体记者及与会嘉宾（包括领导和讲演嘉宾）。另外，为了保证参展商、专业观众和嘉宾的停车位，场馆管理方还会使用停车证。

展会组织方必须加强对展览会证件的管理，否则很容易出现混乱的局面，从而影响展览会的安全和形象。因此，在证件管理方面要注意以下方面：

第一，版面设计与展会风格一致。展会或大型活动的证件在设计时要考虑与活动主题及形象相匹配，通过证件的色彩、风格、图案便能联想到所参加的展会。如中国共产党全国代表大会的代表证的底色为鲜红色，与中国共产党党旗的颜色相同，与会议的整个严肃、庄重的风格也较为一致。在进行整个会展或大型活动形象策划时，应将证件的设计包括其中，使其成为整个设计的一个重要部分。

第二，便于区别管理。在一个场馆里可能同时举办几个展会，每个展会又有各自的相关证件，如何迅速区分和识别是对证件管理的另一个要求。证件制作要规范，减少证件的种类，区别色彩，便于安保人员识别。目前，国内的证件主要是采用展会标志和色彩来区分不同的展会，用不同颜色的挂绳来区别会议参与者的身份。例如第 99 届广交会上，工作人员证配备紫色挂绳、参展商证配备绿色挂绳、采购商证配备红色挂绳，而临时进馆证配备咖啡色挂绳。

第三，证件发放要规范。证件的发放必须对发放对象实行登记审核制度，以确保一人一证，人人有证件，人证相符。为防止证件的借用、倒卖，在证件上要能反映证件使用者的基本信息，如姓名、照片等；同时在制作证件时，应利用计算机系统将更为详细的信息输入，一旦出现证件使用异常或其他突发事件，能立即通过系统将参与者资料调出。同时，在证件上还需要简单注明活动参与者所需遵守的基本规则，起到提示作用。

第四，明确制定管理规范。证件管理要有严格的规定，如管理松散，证件的作用便如白纸一张，没有丝毫意义。场馆管理者应制定明确的证件管理规范和制度，防止证件被冒用，否则很容易造成安全隐患。这些管理规定包括证件的申办程序和资格审定要求、证件的种类和适用范围、证件的使用规定、证件被盗用后的处置规定等。对无证人员、人证不符的对象，由组委会制定相关处罚法则进行处罚，确保证件按规定有效使用，控制进入展馆的人员及其数量。要加强对证件的监管，对于一些重大的会展和节事活动，公安机关可介入组委会各类活动的证件的分类、制作、发放等各环节，加强监督，防止证件多发、滥发，使证件得到规范管理，防止各类证件向外流失。

第五，采用信息技术管理。随着信息技术的应用，证件管理的智能化程度越来越高。会展证件从原来完全的纸片管理，逐渐发展到条形码管理，条形码读码也由原来的手工读码发展到机器读码。部分会展场馆甚至发展到采用“指纹证件”，活动参与者在办理手续时将指纹录入计算机，之后在进入场馆时，只需将手指放在指纹识别机上便能通过检查。这种方法的优点是：一方面更加高效安全，无法假冒；另一方面减少了纸张的使用，更为环保。但它的缺点是：在场馆内无从获悉参与者的身份，因此需要通过其他标志来显示，如徽章。

思考练习

一、填空题

1. 工作员将印好的签到证事先发给参加人员，签证卡上一般印有活动的名称、日期、座次号、编号等，与会人员在签证卡上写好自己的姓名，进入会场时，将其交给工作人员，表示到会。这是________签到。
2. 主要满足现代大型会议对身份识别及签到等管理工作要求，特别适用于一些高级、重要的大型会议或活动的签到方式是________。
3. ________又称 PDA，它是指在具备 SD 卡接口的笔记本电脑、PDA、智能手机上插入一个 SD 卡接口的无线射频识别（RFID）读写器，配上相应的签到软件，就可以成为一个具有 RFID 读写能力的手持式读写器。
4. 参会人员只需通过会议签到入口，系统就会快速识别验证参会人员信息，并可以在前方或侧面等离子大屏幕上显示欢迎信息。这是比较高档的方式，目前主要应用在人大、政协或一些比较高端的论坛或峰会中。这是________。
5. 工作人员按照会议模型，事先制定好座次表，座次表上的每个座位按要求填上合适的与会人员姓名和座位号码。这是传统的________。

二、选择题

1. 参与人员在工作人员预先备好的签到簿上按要求签署自己的姓名，表示到会，这种方式是（　　）。它只适用于小型会议，一些大型会议，参加会议的人数很多，采用这种方式签到就不太方便。

   A. 簿式签到　　　　B. 证卡签到

   C. 工作人员代为签到　　　　D. 座次表签到方法

2. 下列哪项不属于电子签到方式？（　　）

   A. 条形码签到　　　　B. 手机二维码签到

   C. 刷卡式签到　　　　D. 簿式签到

3. 这是近年来出现在高端会议、大型公关活动上的一种新型互动签到方式，是伴随着新兴多媒体互动技术、多点触控技术、3G网络的应用发展而出现的一种新产品。它具有电子签名、影像留存、坐席引领、现场打印、同步显示、抽奖互动、数据加工功能。这种签到方式是(　　)。

A. 多媒体电子签到　　B. 手持式签到

C. 手机二维码签到　　D. 刷卡式签到

4. (　　)签到方式费用低、操作简单，适合学术会议、商务会议和展会等。

A. 条形码签到　　B. 手机二维码签到

C. 刷卡式签到　　D. 簿式签到

5. (　　)签到旨在帮助政府或企业部门组织高效、有效、安全的会议，指纹签到过程安全方便，参会人员无须佩戴任何卡片，避免了卡片丢失无法进入会场的问题。参会人员只需在会场入口处留下指纹，验证通过后即可入场。

A. 条形码签到　　B. 手机二维码签到

C. 刷卡式签到　　D. 指纹式签到

三、简答题

现代会议中的电子签到方式有哪些？

四、案例分析

2015年某宠物展将于8月份盛大开启。今年宠物展规模将比去年扩大一倍。据悉，去年展会期间共吸引了世界20多个国家和地区的近500家展商不远万里而来，其中海外展商的比例达22%，为期3天的展会更是吸引了来自32个国家的近5万名观众到场参观，专业观众更是达到11 006名，创历史新高。

小王所在的组将负责今年展会现场客户签到工作，需要对所有展商或者参展人员进行身份及级别分类签到验证。今年展会期间将举办2015国际宠物业高峰论坛、中国宠物医院管理层年会、中国宠物食品论坛等，作为项目小组长的小王安排组里的小李负责会议签到验证工作。

请完成下列任务：

1. 假如你是小王，你应如何组织安排展会现场签到工作？

2. 假如你是小李，你又应如何完成与会人员的签到验证工作呢？

单元要点归纳

- 会展接待服务
  - 展览会接待礼仪流程
    - 展前准备阶段
    - 展览会现场接待阶段
    - 展览会结束阶段
  - 会议接待礼仪流程
    - 会前接待准备阶段
    - 会中接待服务阶段
    - 会议结束阶段
  - 客户签到验证
    - 展览会客户签到验证
    - 会议客户签到验证
  - 使用验证设备
    - 客户签到验证方式
      - 传统签到验证方式
      - 电子签到验证方式
    - 电子签到验证设备的使用
      - 条形码签到
      - 手机二维码签到
      - 刷卡式签到
      - 快速通道式签到
      - 多媒体智能签到
      - 手持式签到机签到
      - 指纹式签到

项目三　会展相关法律法规

项目概述

会展法律法规对会展业发展起到保障作用，这是会展业发展的基本保障措施。熟悉会展相关法律法规是会展公共人员需具备的基本技能。在本项目中，我们需要学习会展法律法规基本概况，了解会展管理的基本体制、我国会展法律建设现状；学习会展企业公司法，了解会展企业是如何分类的，会展企业登记管理方式；学习会展合同法，了解什么是会展合同，常用的会展合同有哪些；学习会展知识产权，会展知识产权侵权行为有哪些，了解我国目前会展知识产权法律法规。通过本项目的学习，能够充分运用法律武器，运用公关手段，维护会展企业及会展从业人员的合法权益。

项目目标

- 能够熟知会展法律法规概况
- 能够熟知会展公司法
- 能够读懂并使用常用会展合同
- 能够熟知会展知识产权维护自身合理权益

学习任务1 会展相关法律法规

任务概述

了解我国会展法律法规基本概况,对会展法律法规现状的大致认识,有助于后期对具体的会展法律法规的学习。在本任务中,我们将知道会展法律法规对会展业有何作用,这是我们为什么学习会展法律法规的重要原因;熟悉了解我国目前会展管理体制是如何的,我国会展法律法规现状是怎样的。

任务目标

- 能够理解会展法律法规对会展业的作用
- 能够熟悉我国的会展管理体制
- 能够了解我国法律法规建设的现状

学习内容

一、会展法律法规对会展业的作用

法律法规是影响会展经济发展的重要因素之一,城市会展业发展离不开法律法规的保障。法律法规在我国会展业发展中发挥着十分重要的作用。

1. 规范会展企业行为

近年来,我国会展业迅速发展,已初步形成产业规模,在社会经济发展中发挥着重要作用。会展企业是会展业的主体之一,良好的法律秩序能够规范会展企业行为,有助于会展企业开展良性竞争,维护会展业秩序。

2. 巩固会展企业及相关行业之间的协作关系

会展业,特别像奥运会、世博会这样的大型活动,更离不开会展企业之间的协作。由于会展行业涉及部门众多,相关部门行业之间的协作是非常必要的。会展法律法规保障协作各方的合法利益,调动协作各方的积极性,有助于巩固和发展各方之间的协作关系。

3. 有助于对外经济交流与合作

我国会展产业发展远远落后于西方发达国家,经济效益低下,管理体制落后,行业协会组织有待提高,加强会展法律立法有助于推进会展产业的国际化合作,扩大对外经济技术交流与合作。

4. 保障会展业的顺利发展

相对发达国家而言,我国会展产业比较薄弱,发展中存在较多问题,如发展水平比较低、市场不健全、重复投资、政府主导等,都阻碍了会展业的发展。搞好会展产业立法工作,有助于解决会展产业发展中存在的问题,保证和支持会展产业健康发展。

案例分析

会展行业乱象丛生谁之过

在不久前西部某省会城市举办的一个国际农业博览会上,一家农贸公司展台竟然搭建了一个大约20平方米的红色拳击擂台,上书“AFC争霸赛”“男女无差别大战”“女子拳王争霸”。展会工作人员说:“请了几名拳击手到场表演,主要是为了攒人气。”不少人都见到这样的场景:大量展位都在播放音乐、现场叫卖,外加抽奖、表演,犹如一个大集市。一些展会上低俗之风蔓延,平时难在大众媒体露脸的国内外低俗明星、网络红人、话题人物,受到展商热捧,在展会上以出格言行、低俗表演等大笔捞钱、增加曝光率。

此外,部分展会经常出现假冒伪劣产品,甚至品牌展会也有类似情况。在南方某省会城市举办的香港时尚产品博览会上,现场展品中竟然包括马来西亚的咖啡、越南的米粉、佛山的床垫、山东的鹿肉,许多参加展会的市民纷纷对此提出质疑。在西安举办的第十七届中国东西部合作与投资贸易洽谈会上,一些展馆内号称的“国际知名品牌产品”却卖出了“白菜价”:一大瓶“香奈儿”香水仅售100元人民币。

业内人士分析认为,展会上伪劣商品横行,一方面是主办方为了撑场面、上规模而放宽把关;另一方面与困扰会展行业多年的“展虫”问题密切相关。云南省商务厅昆交办主任张镝说,“展虫”们往往是通过关系购买二手展位或者直接将假冒伪劣产品装进背包带入场馆摆卖。“一旦我们强制驱逐‘展虫’,他们就抓住机会大闹一通,吸引媒体前来报道,把声势做大,把展会名声搞臭,以此相要挟。”

“展虫”一般是哪里有展会就往哪里挤,这次可能是卖衣服,下次就卖起了药材。按照规定,若是正规的展会,策展公司一般要求参展商提供营业执照和其他相关许可证,但主办方对参展商卖什么东西并不会刻意干涉。

通过阅读本例,你得到什么启示?

二、我国会展管理体制

我国的会展管理体制实行的还是审批制,具有强烈的行政干预色彩,与德国、法国不同的是,我国的审批制表现为政府对会展企业是否具备主办会展的主体资格进行审批,对会展公司的市场行为进行干预,甚至表现为政府直接作为市场主体进行市场活动。

1. 国内展的会展管理体制

境内举办的展览会先由原商业部、内贸部、国内贸易局归口管理,后由国家经贸委行使管理职责,中国贸促会可以审批其系统举办的国内展。2002年11月,国务院取消了关于“全国性非涉外经济贸易展览会”的审批制,改为登记制。目前,在国内举办全国性非涉外经济贸易展览会已经不再实行审批制,只要到有关部门登记就可以了。

2. 境内举办的对外经济技术展览会的会展管理体制

《国务院办公厅关于在我国境内举办的对外经济技术展览会加强管理的通知》明确规定:境内举办对外经济技术展览会(包括国际展览会、对外经济贸易洽谈会、出口商品交易会和境外民用经济技术来华展览会等),由原外经贸部(现商务部)负责协调和管理。《通知》规定有关审批部门和主办主体的资格问题,具有明显的审批制性质。

3. 出国(境)举办经济贸易展览会的会展管理体制

2001 年 2 月 15 日,中国贸促会和原外经贸委联合出台了《出国举办经济贸易展览会审批管理办法》,对出国办展单位、审批和备核的程序、审批的依据和要求、展览团的管理以及处罚措施作了明确的规定。现在出国展相比原来由外经贸部的行政审批有了很大改变,在审批内容和范围方面比过去有所减少。

从总体上来看,随着会展经济的逐步发展,我国会展管理体制必将由审批制向登记制或备案制过渡。

三、我国会展业的法律法规现状

1. 会展主体多元化

由于缺少对会展业的准入、会展主办者资质的明确规定,国务院各部委及其对口管理的工贸公司、外贸公司、协会、商会、中国贸促会及其行业分会和地方分会、地方政府或省、市级外贸主管部门等都可以举办展览会,各种机构一拥而上,办展质量不高,专业性不强,品牌形象难以树立,影响我国会展业的行业声誉。

2. 会展审批权限分散

会展审批机构数量多,审批权分散,审批机构的利益冲突导致我国会展市场的混乱。

目前,国内会展业既没有一个统一的行业管理机构进行管理,又没有全国性的行业协会进行行业自律和协调。突出问题有多头审批、重复办展、同名办展的混乱屡屡出现。另外,国有展览公司和民营、外资企业的不对等关系等。

3. 运行缺乏规范化

主要表现在展览规模小,国外参展商少,效果差,档次低;展会的地点选择、展馆的使用频率约束机制缺位;展览场地、运输、各种公共服务的费用标准,境内外招商程序及费用标准,消防、安全、环境卫生等验收事项的规范化程度都很低。

4. 市场竞争呈现无序状态

由于我国没有专业的、唯一的审批部门,会展市场竞争呈现无序状态。为改变无序竞争的现状,国务院办公厅下发文件,规定从 2001 年 1 月 1 日起,所有的出境展一律由中国贸促会审批管理,再由中国贸促会会同外经贸部制。

四、我国会展业的法律体系

目前,我国会展业法律法规体系主要包括两个方面:一个方面是通用型的法律法规,即各领域通用的调整一些基础社会关系的法律法规,会展业涉及的主要有合同法、公司法、保险法、知识产权法、文物保护法、广告法、产品质量法、反不正当竞争法、消费者权益保护法、海关法等;另一个方面是专门性的法律法规,即专门针对会展业制定的法律法规。目前,我国既没有专门的会展法,也没有专业会展组织的认定标准,关于会展组织者资格、条件的限制性规范,仅散见于部委规章、地方性法规,甚至是某部委的一些函件中。

小贴士

商务部:完善会展业法律法规体系

商务部发布《关于“十二五”期间促进会展业发展的指导意见》,明确提出加强对会展业的整体协调和统筹管理,完善法律法规体系和管理制度,建立相对统一的内外贸会展业管理体制。这是我国会展行业发展的第一个中长期指导性文件。

《意见》明确,将做大做强几个综合性龙头展会,搞好搞活若干个区域性重点展会,做精做实一批专业品牌展会,培育几个有一定影响力的境外展会,打造若干展览中心城市和核心展馆,造就一批大型办展实体和人才队伍,形成与国际水平接轨,专业化程度高的会展业发展格局。

《意见》强调,要研究制定促进会展业发展的政策措施,扶持发展会展业公共服务平台。要强化会展业知识产权保护,加强人才培养和理论研究。要充分发挥现有行业中介组织的“服务、协调、自律”作用,积极推动成立全国性会展业中介组织。

《意见》要求,各地会展业务主管部门要根据当地经济发展和产业特点等情况,制定符合本地会展业实际的发展规划,建立工作协作机制,明确职责、落实任务,出台政策措施,提供保障与服务,促进当地会展业又好又快发展。

拓展提高

展览会审批制度

一、会展组办单位的资格

1. 出国(境)举办展览会组办单位资质的规定

(1)出国(境)举办经济贸易展览会组办单位的界定

出国(境)举办展览会组办单位,是指组织国内企业赴国(境)外举办经济贸易展览会和参加出国(境)外举办的国际贸易展览会、博览会的单位。

根据规定,各省、自治区、直辖市和计划单列市外经贸主管部门;各省、自治区、直辖市和单列市贸促会分会、各行业贸促分会;全国性进出口商会、中国对外商投资企业协会均可出国(境)办展。此外,其他出国(境)办展单位必须具有对外贸易经济合作部审核批准的出国(境)组办单位资格。

(2)有关申请出国办展组办单位资格

①企业:具有独立企业法人资格,具备承担举办展览的民事责任能力和组织招商能力;有专门从事办展的部门或机构,并有相应展览专业(包括策划设计、组织、管理及外

语）人员，具有完善的办展规章制度；具有境内举办对外经济技术展览会主办单位资格；具有因公临时出国（境）任务审批权；获得流通领域进出口经营权5年以上，且上一年度进出口额达1亿美元以上。

②事业单位和社会团体：成立3年以上，具有独立的事业法人或社团法人资格，具备承担举办展览的民事责任能力和组织招商招展能力；设有专门从事办展的部门或机构，并有相应展览专业（包括策划设计、组织、管理及外语）人员，具有完善的办展规章制度；开办经费或注册资金不少于300万元人民币；具有行业代表性；具有境内举办对外经济技术展览会主办单位资格；事业单位或社会团体本身或其上级主管部门具有因公临时出国（境）任务审批权。

（3）有关组办单位的组展范围

①贸促会负责以国家名义组织参加国际展览局登记或认可的世界博览会，并代表国家出国办展，可邀请国务院各部门、各地方人民政府及组织各地方、行业企业、经济团体参展。

②全国性进出口商会和贸促会行业分会可出国办展，但不得跨行业组展。

③各省、自治区、直辖市和计划单列市外经贸主管部门可指定或设立一至两家展览机构，专门组织本地区内的企业出国（境）办展。

2. 对国外来华举办经济技术展览会的组办单位资格的规定

《对外贸易经济合作部关于兴办来华经济技术展览会审批规定》："国外来华经济技术展览会应有各级国际贸易促进委员会及其所属展览公司（中心）及经对外贸易经济合作部及其授权单位批准有举办国外来华经济技术展览会经营范围的公司主办。各类学会、协会，无外贸经营权的企业、事业，均不得自行举办国外来华经济技术展览会。国家级双边经济技术展会原则上由中国国际展览中心主办。"

3. 对台经济技术展览会组办单位资格的规定

（1）对台经济技术展览会的举办单位（主办承办）的责任、资格和展览行为按照对外贸易经济合作部《在境内举办对外经济技术展览会管理暂行办法》的规定执行。

（2）台湾民间机构在大陆举办展会，需联合或委托大陆具有主办资格的单位举办。在大陆的招商招展由大陆主办单位负责。

（3）台湾的主办单位应该是具有规模和实力的机构、公司或团体。

二、会展举办的申报

1. 向主办单位的主管部门申报

（1）商务部（原对外贸易经济合作部）下属的各级及各类贸易主管部门或单位举办的各类展销及交流活动，必须报送国内贸易局进行归口和计划审批。

（2）举办全国综合性的技术展销交流活动，需于筹展前半年向国家科委提出申请。

（3）赴国（境）外举办各类商品、技术展销交流活动，由申办单位提出方案报综合计划司，经部领导批准后，按外经贸部《关于出国（境）举办招商和办展等经贸活动的管理办法》办理。

(4)其他部门或地方举办的有关展销交流活动,凡邀请我部以国内贸易局名义协办、名誉赞助的,主办单位应提出书面申请并提供有关的交流活动自理,由综合计划司向有关司局提出审核意见,报部领导批准后正式函复邀请单位。

2. 向会展举办地工商行政管理机关申报

(1)主办单位应当向举办地工商行政管理机关申请办理登记。

(2)县级人民政府举办的展销会,应当向举办地地级工商行政管理机关申请办理登记;地、省级人民政府举办的商品展销会,应当向举办地省级工商行政管理机关申请办理登记。上一级工商行政管理机关可以委托举办地工商行政管理机关对商品展销会进行监督管理。

(3)对于异地举办商品展销会的,经申请举办单位所在地工商行政管理机关核准,依照以上规定向工商行政管理机关办理登记。

3. 申报应提交的材料

(1)举办商品展销会的申请书。内容包括展销会名称、起止时间、地点、参展商品类别、举办单位银行账号、举办方负责人员名单、联系电话及筹备办公室地址等。

(2)商品展销会场地使用证明。

(3)商品展销会组织实施方案。

(4)其他文件。

举办一般规模的会展活动应提前6个月申请报批,举办规模较大的会展活动应提前12个月申请报批。

三、会展举办的审批程序

1. 审批管理部门

(1)各地出国办展一律由贸促会会签外贸部后审批,贸促会代表国家出国办展;

(2)各级外事、外经贸商务、海关、出入境检验检疫和外汇管理部门凭贸促会的批准文件办理有关展品、人员出国等手续。

2. 审批和备核的程序

(1)赴展览会集中举办国和未建交国家办展,实行审批管理;赴其他国家(以下简称备核管理国家)办展,实行备核管理。展览会集中举办国包括德国、意大利、法国、英国、西班牙、瑞士、俄罗斯、以色列、阿联酋、日本、韩国、泰国、新加坡、埃及、南非、美国、澳大利亚等。

(2)赴审批管理的国家办展,组展单位应在每季度头两个月且不迟于展览会开幕前6个月向贸促会报送办展计划,并填写出国办展申请表。

(3)贸促会于每季度最后一个月对组展单位报送的办展计划进行审批,并核发出国办展批准件。

(4)贸促会审批出国办展计划前,将拟审批同意的计划送商务部会签。赴未建交国家办展,计划同时送外交部会签。

(5)赴审批管理国家办展,组展单位还应在开幕前3个月内向贸促会报送参展人员复核申请表。

(6)赴备核管理国家办展,组展单位应至少在开幕前3个月前报送办展计划,并填写出国办展申请表。

(7)各级外经贸主管部门凭贸促会核发的出国办展批准件或出国办展备核件,核发展品出境有关证件。

(8)各级外经贸、外事、外汇管理部门和外汇指定银行凭贸促会核发的参展人员复核件或出国办展备核件,办理参展人员出国、外汇使用及核销手续。

四、审批的依据和要求

来华经济技术展览会的审批按照《对外贸易经济合作部关于兴办来华经济技术展览会审批规定》:由中国国际展览中心举办的国外来华经济技术展览会报中国国际贸易促进委员会批准并报商务部备案,其他企业或事业单位等举办的报商务部批准。各外贸公司为配合进口订货举办的展出场地面积在500平米以下的小型技术交流会、样品展示会等,由公司自主办理,免办批准手续。

思考练习

一、填空题

1. 我国的会展管理体制实行的还是________,具有强烈的行政干预色彩。
2. 随着会展经济的逐步发展,我国会展管理体制必将由审批制向登记制或________过渡。
3. 目前,我国会展业法律法规体系主要包括两个方面:一个方面是通用型的法律法规,另一个方面是________的法律法规。
4. ________是影响会展经济发展的重要因素之一,城市会展业发展离不开法律法规的保障。
5. 搞好会展产业________工作,有助于解决会展产业发展中存在的问题,保证和支持会展产业健康发展。

二、判断题

1. 近年来,我国会展业迅速发展,已初步形成产业规模,在社会经济发展中发挥着重要作用。( )
2. 会展法律法规保障协作各方的合法利益,调动协作各方的积极性,有助于巩固和发展各方之间的协作关系。( )
3. 搞好会展产业立法工作,有助于解决会展产业发展中存在的问题,保证和支持会展产业健康发展。( )
4. 与德国、法国不同的是,我国的审批制表现为政府对会展企业是否具备主办会展的主体资格进行审批,对会展公司的市场行为进行干预,甚至表现为政府直接作为市场主体进行市场活动。( )

5. 目前,国内会展业既没有一个统一的行业管理机构进行管理,又没有全国性的行业协会进行行业自律和协调。(　　)

三、简答题

我国会展业的法律法规现状如何?

学习任务2 会展相关公司法

任务概述

在本任务中,我们将学习什么是公司,什么是会展公司,会展公司是如何分类的;什么是公司法,公司法具有怎样的性质;会展公司如何进行登记管理。

任务目标

- 能够理解会展公司内涵及特征
- 能够理解会展法概念与性质
- 能够知道如何进行会展公司登记管理

学习内容

一、会展公司内涵与分类

1. 公司的概念

公司是指依法设立的,以营利为目的的,由股东投资形成的企业法人。公司有独立的法人财产,享有法人财产权,以其全部财产对公司的债务承担责任。

公司具有以下特征:

(1)依法设立

这是指公司必须依法定条件、法定程序设立。

(2)以营利为目的

公司设立以经营并获取利润为目的,而且要求公司有利润时应当分配给股东。

(3)以股东投资行为为基础设立

注册资本来源于股东的投资,因此没有股东的投资行为就不能设立公司。

(4)具有法人资格

公司是企业法人,主要是独立的法人财产和独立承担民事责任。股东以其认缴的出资额或者认购的股份为限对公司承担有限责任,公司要以全部财产对公司的经营活动产生的债务承担责任。

2. 会展公司

会展公司是指依法设立并以营利为目的从事会展经营活动或会展服务的企业法人。按照会展产业链分析，会展企业主要包括组展企业、会议运营策划企业、会展场馆企业、搭建企业及各类服务商企业等。

3. 会展公司分类

根据股东的责任，会展公司可以分为无限公司、有限公司、两合公司、股份有限公司、股份两合公司。各类公司具有以下特点，具体见表3-2-1。

表3-2-1　　会展公司分类及其特点

类型	特点
无限公司	所有股东不论其出资额为多少，对公司债务均承担连带无限责任
有限责任公司	所有股东以其出资额为限对公司债务承担责任，公司全部资本不分为等额股份
两合公司	由无限责任股东与有限责任股东共同组成
股份有限公司	将公司全部资本分成等额股份，所有股东以其持股股份为限，承担公司债务责任
股份两合公司	由无限责任股东与股份有限责任股东共同组成

二、会展公司法

1. 公司法概念

公司法有广义和狭义之分。

狭义的公司法是指《中华人民共和国公司法》。

广义的公司法是指规定公司的设立、组织、活动、解散及其他对内对外关系的法律规范的总称。它除包括《公司法》外，还包括其他法律、行政法规中有关公司的规定。

2. 公司法性质

(1)公司法兼有组织法和活动法的双重性质，以组织法为主

作为组织法，具体包括公司设立、变更和清算，公司的章程，权利能力和行为能力，公司的组织机构，股东权利和义务等内容。活动法又称为行为法，它要对公司组织机构的管理活动和公司的某些活动作出规范。

(2)公司法兼有实体法和程序法的双重性质，以实体法为主

公司法调整公司组织活动，就必须对参与公司活动的各种主体作出规定，规定这些主体的资格条件、权利义务以及法律责任等。同时，公司法还要规定程序内容，即规定保障权利实现，追究法律责任的程序。

(3)公司法兼有强制法和任意法的双重性质,以强制法为主

公司法中的规定既有强制性的,也有任意性的。公司法是私法,因此体现了其任意性。但是公司法也体现了国家干预的原则,所以具有强制性。

(4)公司法兼有国内法和涉外法的双重性质,以国内法为主

公司法是国内法,这不用多说。但是随着全球化趋势的发展,公司日益参与国际竞争,而且外国公司也越来越多地涌入我国,所以公司法必然地要对涉外的内容进行规定,因此公司法也具有涉外法属性。

三、会展公司登记管理

我国的公司登记机关是工商行政管理机关。公司登记机关实行国家、省(自治区、直辖市)、市(县)三级管辖制度。

1. 公司登记的注意事项

(1)名称

公司名称应当符合国家有关规定,并只能使用一个名称。有限责任公司必须在公司名称中标明“有限责任公司”或者“有限公司”字样;股份有限公司必须在公司名称中标明“股份有限公司”或者“股份公司”字样。

(2)住所

公司的住所是公司主要办事机构所在地。经公司登记机关登记的公司的住所只能有一个。公司的住所应当在其公司登记机关辖区内。

(3)法定代表人

公司的法定代表人依照公司章程的规定,由董事长、执行董事或者经理担任。公司法定代表人如有变更,应当办理变更登记。

(4)公司类型

公司登记的类型包括有限责任公司和股份有限公司。一人有限责任公司应当在公司登记中注明自然人独资或者法人独资,并在公司营业执照中载明。

(5)经营范围

经营范围是股东选择的公司生产和经营的商品类别、品种服务项目。公司的经营范围中属于法律、行政法规规定需经批准的项目,应当依法经过批准。

(6)股东出资

股东不得以劳务、信用、自然人姓名、商誉、特许经营权或者设定担保的财产等作价出资。

2. 公司设立登记

(1)公司名称预先核准

公司名称预先核准是指设立公司应当申请名称预先核准。预先核准的公司名称保留期为6个月。预先核准的公司名称在保留期内,不得用于从事经营活动,也不得转让。

(2)设立登记

依法设立的公司,由公司登记机关发给《企业法人营业执照》。公司营业执照的签发

日期为公司成立日期。

3. 公司变更登记

一般来说，公司设立时登记的事项发生变化，都应办理变更登记手续。

(1)名称、法定代表人、经营范围变更

名称、法定代表人、经营范围变更需自变更决议或者决定作出之日起30日内申请变更登记。

(2)股东变更

股东变更自转让股权之日起30日内申请变更登记，并应当提交新股东的主体资格证明或者自然人身份证明。

(3)资本变更

资本变更包括注册资本变更和实收资本变更。

注册资本变更时，若公司增加注册资本，有限责任公司股东认缴新增资本的出资和股份有限公司的股东认购新股，应当分别依照《公司法》设立有限责任公司缴纳出资和设立股份有限公司缴纳股款的有关规定执行；若公司减少注册资本的，应当自公告之日起45日后申请变更登记，并应当提交公司在报纸上登载公司减少注册资本公告的有关证明和公司债务清偿或者债务担保情况的说明。公司减资后的注册资本不得低于法定的最低限额。

实收资本变更需提交依法设立的验资机构出具的验资证明，并应当按照公司章程载明的出资时间、出资方式缴纳出资。公司应当自足额缴纳出资或者股款之日起30日内申请变更登记。

4. 注销登记

公司解散应当申请注销登记，经公司登记机关注销登记，公司终止。公司解散有两种情况：一是不需要清算的，如因合并、分立而解散的公司，因其债权债务由合并、分立后继续存续的公司承继；其二是应当清算的，即公司债权债务无人承继的。

拓展提高

中华人民共和国公司法(节选)

第一章　总　则

第一条　为了规范公司的组织和行为，保护公司、股东和债权人的合法权益，维护社会经济秩序，促进社会主义市场经济的发展，制定本法。

第二条　本法所称公司是指依照本法在中国境内设立的有限责任公司和股份有限公司。

……

第二章 有限责任公司的设立和组织机构

第一节 设 立

第二十三条 设立有限责任公司,应当具备下列条件:

(一)股东符合法定人数;

(二)有符合公司章程规定的全体股东认缴的出资额;

(三)股东共同制定公司章程;

(四)有公司名称,建立符合有限责任公司要求的组织机构;

(五)有公司住所。

第二十四条 有限责任公司由50个以下股东出资设立。

……

第二节 组织机构

第三十六条 有限责任公司股东会由全体股东组成。股东会是公司的权力机构,依照本法行使职权。

……

第五十一条 有限责任公司设监事会,其成员不得少于3人。股东人数较少或者规模较小的有限责任公司,可以设一至两名监事,不设监事会。

……

第三章 有限责任公司的股权转让

第七十一条 有限责任公司的股东之间可以相互转让其全部或者部分股权。

股东向股东以外的人转让股权,应当经其他股东过半数同意。股东应就其股权转让事项书面通知其他股东征求同意,其他股东自接到书面通知之日起满30日未答复的,视为同意转让。其他股东半数以上不同意转让的,不同意的股东应当购买该转让的股权;不购买的,视为同意转让。

经股东同意转让的股权,在同等条件下,其他股东有优先购买权。两个以上股东主张行使优先购买权的,协商确定各自的购买比例;协商不成的,按照转让时各自的出资比例行使优先购买权。

……

第四章 股份有限公司的设立和组织机构

第一节 设 立

第七十六条 设立股份有限公司,应当具备下列条件:

(一)发起人符合法定人数;

(二)有符合公司章程规定的全体发起人认购的股本总额或者募集的实收股本总额;

(三)股份发行、筹办事项符合法律规定;

(四)发起人制定公司章程,采用募集方式设立的经创立大会通过;

(五)有公司名称,建立符合股份有限公司要求的组织机构;

(六)有公司住所。

……

第八十三条　以发起设立方式设立股份有限公司的，发起人应当书面认足公司章程规定其认购的股份，并按照公司章程规定缴纳出资。以非货币财产出资的，应当依法办理其财产权的转移手续。

第八十四条　以募集设立方式设立股份有限公司的，发起人认购的股份不得少于公司股份总数的35%；但是，法律、行政法规另有规定的，从其规定。

……

第二节　股东大会

第九十八条　股份有限公司股东大会由全体股东组成。股东大会是公司的权力机构，依照本法行使职权。

第一百条　股东大会应当每年召开一次年会。有下列情形之一的，应当在两个月内召开临时股东大会：

（一）董事人数不足本法规定人数或者公司章程所定人数的2/3时；

（二）公司未弥补的亏损达实收股本总额1/3时；

（三）单独或者合计持有公司10%以上股份的股东请求时；

（四）董事会认为必要时；

（五）监事会提议召开时；

（六）公司章程规定的其他情形。

……

第三节　董事会、经理

第一百零八条　股份有限公司设董事会，其成员为5～19人。

……

第四节　监事会

第一百一十七条　股份有限公司设监事会，其成员不得少于3人。

监事会应当包括股东代表和适当比例的公司职工代表，其中职工代表的比例不得低于1/3，具体比例由公司章程规定。监事会中的职工代表由公司职工通过职工代表大会、职工大会或者其他形式民主选举产生。

监事会设主席一人，可以设副主席。监事会主席和副主席由全体监事过半数选举产生。监事会主席召集和主持监事会会议；监事会主席不能履行职务或者不履行职务的，由监事会副主席召集和主持监事会会议；监事会副主席不能履行职务或者不履行职务的，由半数以上监事共同推举一名监事召集和主持监事会会议。

……

第五章　股份有限公司的股份发行和转让

第一节　股份发行

……

第一百二十七条　股票发行价格可以按票面金额，也可以超过票面金额，但不得低于票面金额。

……

第二节　股份转让

……

第一百四十一条　发起人持有的本公司股份，自公司成立之日起一年内不得转让。公司公开发行股份前已发行的股份，自公司股票在证券交易所上市交易之日起一年内不得转让。

……

思考练习

一、填空题

1. 会展公司是指依法设立并以营利为目的从事________的企业法人。
2. 按照会展产业链分析，会展企业主要包括________、会议运营策划企业、会展场馆企业、搭建企业及各类服务商企业等。
3. 所有股东以其出资额为限对公司债务承担责任，公司全部资本不分为等额股份的是________。
4. 公司法兼有组织法和活动法的双重性质，以________为主。
5. 我国的公司登记机关是________。公司登记机关实行国家、省（自治区、直辖市）、市（县）三级管辖制度。

二、判断题

1. 公司名称应当符合国家有关规定，可以使用两个名称。（　　）
2. 名称、法定代表人、经营范围变更需自变更决议或者决定作出之日起 10 日内申请变更登记。（　　）
3. 公司的法定代表人依照公司章程的规定，由董事长、执行董事或者经理担任。公司法定代表人变更的，应当办理变更登记。（　　）
4. 公司法兼有实体法和程序法的双重性质，以实体法为主。公司法调整公司组织活动，就必须对参与公司活动的各种主体作出规定，规定这些主体的资格条件、权利义务以及法律责任等。（　　）
5. 公司法兼有强制法和任意法的双重性质，以强制法为主。公司法中的规定既有强制性的，也有任意性的。（　　）

三、简答题

会展公司具有哪些特征？

学习任务3 会展相关合同法

任务概述

合同法是会展活动日常业务中常用的法律。在本任务中，我们将学习什么是合同法，合同法具有怎样的特征，什么是会展合同；学习会展活动中常见的会展合同种类：会展租赁合同、会展物流运输合同、会展搭建合同、会展服务合同会展买卖合同。

任务目标

- 能够理解合同法内涵及特征、会展合同
- 能够使用常用的会展合同种类及其内容

学习内容

案例分析

一男子假借会展名头空手套百万涉嫌合同诈骗被起诉

来自河南的陈伟在上海某会展中心从事个体椅子租赁的生意。虽然只有初中文化，但是陈伟脑子活络。他看到会展中心的老板仅靠举办会展就能赚得盆满钵满，于是就想效仿。很快，他便注册了一家展览服务公司，专门从事展览接洽业务。

可是，为了达成赚钱的希望，举办会展是必经之路，没有从业经验和专业知识的陈伟便开始在网上了解举办会展的相关流程。对于举办会展的主题，考虑到目前装修业市场火爆，陈伟就计划“办”一个“2013年上海家具展览会”。经过四处打听，陈伟通过朋友的帮忙，以5万元的价格得到了一张所谓的批文。从这一刻开始，陈伟的“皮包公司”便以“正规会展公司”的名义“开门迎客”。

开始大张旗鼓招揽客户的陈伟，甚至专门招聘了几个临时工来负责向全国各地多家企业发邀请函。邀请函上，展览主题、展览时间和地点、主办及承办单位都清楚标明，从外表看似乎就是一场规模较大、正规专业的展览。同时，为了增加可信度，陈伟还在邀请函附件里声称，为了给此次展览会造势，他已连续派出20多名专家出国考察，并邀请了欧美、中东等30多个国家和地区的家具经销商、代理商、房地产开发商共同参加此次展览。

这样“正式”的邀请函,有批文、有知名企业陪展,甚至还有专家造势,许多家具企业主纷纷与陈伟签订了参展的合同。很多企业虽然还没有进一步确认展会的事项,大部分还只是电话联系过,但在陈伟要求先交参展费时也没有任何人质疑,有些企业还提前将费用打进了陈伟的账户。不久,就有20多家参展企业将80多万参展费打入了陈伟的公司账户,并等待展会的如期开幕。

但是,“纸终究包不住火”。到了2013年7月,预定展会的日期临近,很多企业开始问陈伟要展位的图纸等相关材料。但是这个展会本来就是“假”的,哪来的材料?活络的陈伟马上想到应对的方法,以参展商不足为由推迟展会时间,但是具体何时开展还未定。

听到原本心心念念的展会就此搁浅,很多企业这才意识到这次所谓的大型展会可能是一场精心预谋的骗局。于是,企业老总们开始找陈伟追讨参展费。截至案发,他一共骗取几十家企业百余万,除去已退还金额后的余额,也有近79万余元。

2014年10月,嘉定区人民检察院对陈伟依法提起诉讼,等待他的将是法律的严肃处罚。

检察官审判:犯罪嫌疑人陈伟以非法占有为目的,在签订、履行合同过程中骗取对方财物,数额巨大,触犯《中华人民共和国刑法》,涉嫌合同诈骗罪。

请问:案例中的陈伟触犯了什么法律?从此案例中你得到什么启示?

一、合同法与会展合同

1. 合同法

(1)概念

合同又称为契约,是市场经济社会最常见的商品交换法律形式。我国的合同法指的是平等主体的自然人、法人、其他组织之间设立、变更、终止民事权利义务关系的协议。

(2)特征

合同是双方的法律行为,即需要两个或两个以上的当事人互为意思表示;双方当事人意思表示须达成协议,即意思表示要一致;合同系以发生、变更、终止民事法律关系为目的;合同是当事人在符合法律规范要求条件下而达成的协议。

合同一经成立即具有法律效力,在双方当事人之间就发生了权利、义务关系;或者使原有的民事法律关系发生变更或消灭。当事人一方或双方未按合同履行义务,就要依照合同或法律承担违约责任。

2. 会展合同

(1)概念

会展合同是指会展组织方与会展客户之间订立的,约定会展活动中双方权利义务关系的协议。在《合同法》中没有任何关于会展合同的规定,会展合同属于合同法中的无名合同。无名合同就是法律没有明确名称及具体规则的合同,如住宿合同、餐饮服务合同等。

(2)特征

会展合同是一种规范经济活动的合同,它具有自身的特征:

①会展合同是无名合同。

②会展合同是双方有偿合同。会展合同双方当事人互付对等给付义务,以展台搭建合同为例,搭建商为参展商搭建展台,参展商需要给搭建商提供费用。

③会展合同是诺成合同。即合同成立后,无须标的物即可生效。会展合同一旦签署,则对合同双方都有法定约束力。

二、会展合同的种类及相关内容

1. 会展租赁合同

(1)概念

租赁合同是会展活动中出租人将租赁物交付承租人使用、收益,承租人向出租人支付租金的合同。这里的出租人可能是会展场馆、会展场地、会展设备公司等,租赁物包括会展场馆场地、会展活动设施设备等。

(2)形式及内容

租赁合同分为书面和口头两种形式。租赁期限6个月以下的,可以由当事人自由选择合同的形式。无论采用书面形式还是口头形式,都不影响合同的效力。租赁期限6个月以上的,应当采用书面形式。未采用书面形式的,不论当事人是否就期限作了约定,都视为不定期租赁。

会展租赁合同主要内容包括:租赁物的名称,租赁物的数量,租赁物的用途,租赁期限,租金及其支付期限、方式,租赁物维修,其他补充条款,订立合同的时间,签章。

相关知识

会展租赁合同样本

出租人(甲方):________

承租人(乙方):________

根据《中华人民共和国合同法》等有关法律法规的规定,双方就租赁精品建材展位事宜,经协商达成协议如下:

第一条　租赁展位

乙方承租甲方精品建材展位,面积________平方米。

第二条　租赁期限

自________年________月________日起至________年________月________日止,共计________年________个月。

第三条　租金

租金标准为每年________元,租金按年支付。

第四条　甲方权利义务

1. 依法制定有关治安、消防、卫生、用电、营业时间等方面的各项规章制度并负责监督实施。

2. 为乙方提供展位及相关配套设施和展示条件，保障乙方正常展示。

3. 对展位进行管理，包括展位的规划和控制、功能区域的划分、商品档次的定位、质量管理、服务质量管理、形象设计监督、公共关系协调、人员培训等。

4. 对展区进行物业管理，负责展区内的安全防范和经营设施的建设及维护。

5. 租金中包含展位租赁费、物业费、电费、供暖费等所有费用。

第五条　乙方权利义务

1. 有权监督甲方履行合同约定的各项义务。

2. 应具备合法的经营资格，并按照工商行政管理部门核准的经营范围亮证照经营，同时提供产品检验报告或产品质量检验认证证书等相关材料。

3. 按照约定的用途开展经营活动，自觉遵守甲方制定的各项规章制度，服从甲方的监督管理。

4. 按期支付租金，并承担展位制作费用。

5. 爱护并合理使用展区的各项设施，如需改动应先征得甲方同意，造成损坏的还应承担修复或赔偿责任。

6. 按照各级行政管理部门的规定，本着公平合理、诚实信用的原则合法经营，不得损害国家利益及其他经营者和消费者的合法权益，并承担因违法经营造成的一切后果。

7. 将展位转让给第三人或和其他租户交换展位的，应先征得甲方的书面同意，按规定办理相关手续，并不得出租、转让、转借、出卖营业执照。

8. 按照甲方的要求提供有关本人或本企业的备案资料。

9. 非乙方承租展位范围广告发布权归甲方所有，未经甲方同意，乙方不得以任何形式进行广告宣传。

第六条　合同的解除

乙方有下列情形之一的，甲方有权解除合同

1. 不具有合法经营资格的，包括因违法经营被有关行政管理部门吊销、收回经营证照的。

2. 未按照约定的用途使用展位，经甲方书面通知未改正的。

3. 将展位擅自转租、转让、转借给第三人，或和其他租户交换展位的。

4. 逾期 10 日未支付租金的。

5. 违反甲方制定的规章制度情节严重或拒不服从甲方管理的。

6. 甲方或乙方因自身原因需提前解除合同的，应提前 15 日书面通知对方，经协商一致后办理解除租赁手续，按照租金 20% 的标准向对方支付违约金。

第七条　其他违约责任

1. 甲方未按约定提供展位致使乙方不能正常展示的，应减收相应租金，乙方有权要求甲方继续履行或解除合同。

2. 乙方未按照约定支付租金的，应每日向甲方支付迟延租金1%的违约金。

第八条　免责条款

因不可抗力或其他不可归责于双方的原因，使展位不适于使用或租用时，甲方应减收相应的租金。

如果展位无法复原的，本合同自动解除，双方互不承担违约责任。

第九条　续租

1. 乙方有意在租赁期满后续租的，应提前15日书面通知甲方，甲方应在租赁期满前对是否同意续租进行书面答复。甲方同意续租的，双方应重新签订租赁合同。

租赁期满前甲方未做出书面答复的，视为甲方同意续租，租期为不定期，租金标准同本合同。

2. 租赁期满乙方如无违约行为的，则享有在同等条件下对展位的优先租赁权，如乙方无意续租的，应在租赁期满前15日内书面通知甲方；乙方有违约行为的，是否续租由甲方决定。

第十条　租赁展位的交还

租赁期满未能续约或合同因解除等原因提前终止的，乙方应于租赁期满或合同终止后5日内将租赁的展位及甲方提供的配套设施以良好、适租的状态交还甲方。乙方未按照约定交还的，甲方有权采取必要措施予以收回，由此造成的损失按租金1%的标准由乙方承担。

第十一条　争议解决方式

本合同发生的争议，由双方协商解决，协商或调解不成的，提交________人民法院起诉。

第十二条　其他约定事项

双方对合同内容的变更或补充应采用书面形式，并由双方签字盖章作为合同附件，附件与本合同具有同等的法律效力。

甲方单方制订的规章制度也作为本合同的附件，规章制度的内容与合同约定相冲突的，以本合同为准，但国家法律、政策另有规定的除外。

本合同自双方签字盖章之日起生效。一式二份，甲乙双方各执一份。

甲方（签字盖章）：________　　乙方（签字盖章）：________

法定代表人：________　　法定代表人：________

委托代理人：________　　委托代理人：________

住　　址：________　　住　　址：________

电　　话：________　　电　　话：________

2. 会展买卖合同

(1)概念

会展买卖合同，是展商交付标的物并转移标的物的所有权于采购商，采购商支付价款的合同。其中,会展合同中的标的物可能是参展商产品或其他物品。

(2)形式及内容

买卖合同既可用文字表示,也可用口头表示。买卖双方可将协商一致的承诺用文字形式固定,并经双方签字后生效,也可经公证后生效。买卖双方对达成一致意见的标的物的物权转移,也可以用口头的形式约定。这种方式简单、省时,但必须符合“钱货两清”,这种形式适用于标的小、现货交易等买卖。

会展买卖合同的主要内容包括合同双方的名称或姓名、地址,标的物的名称、品质、数量等,标的物的价格、金额、货币等,货款支付的方式、时间、地点,标的物交付的方式、时间、地点,标的物的运输方式,检验标准,结算方式,纠纷解决方式、管辖机构和适用法律,合同的份数,其他条款,订立合同的时间,签章。

相关知识

会展买卖合同样本

甲方:________

乙方:________

为进一步维护________会参展秩序,维护企业及大会组织者双方的共同权益,本着公平、互惠的原则,签订此次销售合同,具体内容如下:

一、展位确认

按照甲方向乙方提交的________所述,经双方共同确认购买甲方展位位置,现予书面确认:甲方参展展位面积为:室内净场地________平方米,原价:________,实际费用:________(含装修)。

二、会议演讲

经双方确认,甲方确认购买________会演讲时段。(注:30 分钟为一时段。)

现予书面确认:甲方购买________个演讲时段,注为:________年________月________日________时________分和________年________月________日________时________分,演讲人:________,演讲主题:________,费用原价:________,现实际收费:________。

三、其他项目广告

1. 经双方确认,甲方确认购买________会主背板 logo(或/和)广告牌________个,原价:________,实际费用:________。

2. 经双方确认,甲方确认购买________会室外广告充气虹门/正门充气球/户外广告旗________个,原价:________,实际费用:________。

3. 经双方确认,甲方确认购买________会的会刊广告________个,规格为:会刊封底/封底内页/封面内页/会刊内页/总裁致辞,原价:________,实际费用:________。

4. 经双方确认,甲方确认购买________会的大会独家手提袋赞助/独家胸卡挂带赞助/大会独家门票赞助/大会独家纪念品赞助中的________赞助(不计数量),赞助原价:________,实际费用:________,共计:________。

四、展示确认

1. 经双方确认,甲方确认参加________会________行动及集中展示,展示样机为________台,样机型号:________,展示费用原价:________,实际费用:________,总计费用:________,展示样机由甲方提供,展示样机应于________年________月________日前提供给乙方,并由乙方统一管理,乙方承诺展示用手机应于展览结束后15个工作日内归还甲方,如出现丢失或损坏情况由甲方予以赔偿。

2. 经双方确认,甲方确认参加________会中的________展示及模特秀,每次模特秀展示为________分钟,甲方确认购买模特秀展示________次,展示费用:________,实际费用:________,总计费用:________,此次模特秀展示样机为________台,样机型号:________,展示费用原价:________,实际费用:________,总计费用:________,展示样机由甲方提供,展示样机应于________年________月________日前提供给乙方,并由乙方统一管理,乙方承诺展示用手机应于展览结束后15个工作日内归还甲方,如出现丢失或损坏情况由甲方予以赔偿。

五、关于付款

1. 付款方式:甲方应在双方正式签订本合同书后15日内向乙方缴纳上述全额参展费用或全额费用的30%作为订金;如缴纳订金,则甲方应于________年________月________日前将剩余款项一次性付至乙方。具体方式如下:可通过电汇的方式缴纳上述费用,汇款方式如下,户名:________,帐号:________,开户行:________。

2. 甲方在缴纳订金后,逾期未补交余款者,乙方有权将甲方的展位及广告另行分配,其定金则用于补偿乙方之损失,不予退回。

六、乙方责任

1. 乙方负责向甲方提供此次大会的相关广告服务项目;

2. 乙方将在甲方缴纳上述费用后五日内根据实际到帐金额向甲方开具有效的报销凭证;

3. 乙方将于________年________月________日前向甲方提供《参展手册》;

4. 乙方将向甲方免费进行会刊登载及此次大会网站宣传。

七、甲方责任

1. 甲方应按要求及时向乙方提供展会所需的各种广告及参展资料,保证所提供的全部资料均为真实、有效的,并同意将其载入乙方数据库内,供乙方制作会刊、对外宣传及展会推广之用;

2. 甲方须在双方共同签署本合同之日起15日内,按第二款之要求按期向乙方支付全额参展费用(或订金30%);剩余款项则应于________年________月________日前一次性付至乙方指定帐户;

3. 甲方应自觉遵守组委会及大酒店的各项规章制度(详情请参阅此次网站________),按大会的有关要求进行布、撤展,维护展览现场的良好秩序;

4. 甲方应严格在所属展位区域内进行布展，不得随意占用公共通道及其他展位展示产品，自觉保护好各自展位内设施。

八、保密原则

乙方和甲方均有义务履行保密义务，未经对方同意，不得向任何第三方披露或透露有关本合同内容项下的任何信息。

九、违约责任

1. 甲、乙双方应正当行使权利，履行义务，保证本合同的顺利进行；

2. 任何一方没有充分、及时履行义务的，应当承担违约责任；给其他方造成损失的，应赔偿其他方由此所遭受的直接和间接经济损失。

十、合同期限与终止

1. 本合同自双方签署盖章之日起生效，有效期至________会止。

2. 任何一方可在另一方发生违约行为并在该违约方收到守约方关于违约行为已发生并存在的通知的15日内仍未能对违约行为做出更正之时，可以通过向另一方发出一份书面通知的方式立即终止本合同。

3. 本合同的提前终止不应影响双方于本合同提前终止日之前根据本合同已产生的权利和义务。

十一、声明与保证

双方互相向对方声明、陈述和保证如下：

1. 其有资格从事本合同项下之合作，而该合作符合其经营范围之规定；

2. 其授权代表已获得充分授权可代表其签署本合同；

3. 其有能力履行其于本合同项下之义务；并且该履行义务的行为不违反任何对其有约束力的法律文件的限制。

十二、争议解决与适用法律

1. 如双方就本合同内容或其执行发生任何争议，双方应进行友好协商；协商不成时，任何一方可向乙方所在地法院起诉解决。

2. 本合同的订立、执行和解释及争议的解决均应适用中国法律。

十三、其他

1. 本合同的任何一方未能及时行使本合同项下的权利不应被视为放弃该权利，也不影响该方在将来行使该权利。

2. 如本合同中的任何条款无论因何种原因完全或部分无效或不具有执行力，或违反任何适用的法律，则该条款被视为删除。但本合同的其余条款仍应有效并且有约束力。

3. 本合同正本一式二份，双方各执一份每份正本具有同等法律效力。

4. 本协议未尽事宜由双方另行协商解决。

甲方（盖章）：________　　　　乙方（盖章）：________

授权代表（签字）：________　　　　授权代表（签字）：________

________年________月________日　　　　________年________月________日

3. 会展物流运输合同

(1)概念

会展物流是为满足会展需求,在提供地与会展地之间,对会展材料设备与会展物品的高效率、低成本流动和储存而进行的一整套规划、实施和控制过程搜索。会展物流运输合同是会展托运人与承运人签订的合同。运输合同的承运人必须是经营运输业务的人,既可以是公民,也可以是法人。

运输合同依据不同的标准可以划分为不同的种类。以运输的客体为划分标准,可以分为货物运输合同和旅客运输合同;以运输工具为划分标准,可以分为铁路运输合同、公路运输合同、水路运输合同、航空运输合同及管道运输合同;以运输方式为划分标准,可以分为单一运输合同和联合运输合同。

(2)会展运输合同的主要内容。

会展运输合同主要内容包括货物的名称、规格、数量、条款及包装要求;货物起运地点及到达地点;货物起运日期及到达日期;运输质量及安全要求;货物装卸责任和方法;收货人验收办法;运输费用及结算方式;托运方的权利义务;承运方的权利义务;收货人的权利义务;其他条款;订立合同的时间;签章。

4. 会展搭建合同

(1)概念

会展搭建合同是搭建公司与参展商之间签订关于主场搭建、展台搭建的合同。

(2)会展搭建合同主要内容

会展搭建合同主要内容包括委托单位、施工单位名称;搭建施工日期、地点、验收时间、撤展时间;施工内容及形式;质量验收方式;工程预算款及尾款结算方式;双方权利与义务;其他条款;订立合同的时间;签章。

相关知识

合肥×××展览展示服务有限公司展位展示搭建合同

甲方:×××

乙方:合肥×××展览展示服务有限公司

(以下简称甲方)委托合肥蓝箭展览展示服务有限公司(以下简称乙方)完成展会展位搭建项目。

经双方友好协商,达成以下协议:

1. 项目内容:乙方为甲方搭建本次展览会展位(详见双方确认效果图)。

2. 工程地点:________。

3. 工程总价:RMB ________元,即人民币。

4. 付款方式:________

(1)合同签定日,甲方支付给乙方 RMB ________元预付款,(即人民币________)。

以电汇/支票方式付款。

(2)尾款RMB ________元(即人民币________)在展会搭建完前付清。

5. 搭建时间:______年______月______日——______年______月______日。

撤展时间:______年______月______日

6. 施工工程要求:

(1)按照双方认定的效果图,在合同规定的时间完成制作搭建。制作内容以效果图和施工图要求为准,如有新增内容,费用另计。

(2)乙方负责制作、搭建、拆展及展期维护工作。

(3)由于甲方原因造成加班,费用由甲方承担;由于乙方原因造成加班,费用由乙方承担。

7. 设计变更

(1)双方对汇审后设计进行变更,需经双方同意,并形成书面材料,做追加处理。以及增加费用由甲方负担。

(2)甲方在施工进行过程中提出设计变更要求,乙方原则上予以最大程度配合。是否变更视时间、工程量等实际情况,双方协商而定。

8. 双方职责:

(1)甲方职责:应及时向乙方提供所做展台所需要的资料,并按约定及时付款。否则影响展位的施工进度由甲方负责。场地管理费、电源接驳费由甲方负责。

(2)乙方职责:在施工过程中应确保周围的原始环境,如有破坏性施工,应征得甲方同意,否则由乙方负责赔偿。负责展位搭建、运输、加班,一切费用。展览期间,乙方必须派专人在现场维护。

9. 验收:乙方保证在搭建时间内按照展馆要求及时搭建完毕,施工结束由甲方验收,甲方必须在施工结束日后当天内按双方确认图纸,进行验收,现场效果与效果图大约一致;如有问题须当场向乙方项目负责人员提出,以便双方提出整改方案;如没有问题,则须在由乙方提供的工程确认单上确认签字。如甲方无人在现场验收,展会正常举行,即默认验收满意。

10. 撤馆时乙方提供的所有材料均由乙方收回。

11. 违约责任:

(1)本合同受已公布和生效的中国法律约束。另如任何一方违约(包括质量、期限、付款)。若发生争议属合同未提及的条款,甲乙双方应尽量立足于解决问题,以友好的态度协商解决。

(2)未办理验收手续,甲方提前使用或擅自动用工程成品而造成损失的,由甲方负责;

(3)因一方原因,造成合同无法继续履行时,该方应及时通知另一方,办理合同终止手续,并由责任方赔偿对方合同款的100%作为违约金;

(4)甲方未按期支付工程款的,每延误一天向对方支付滞纳金为合同总价的5%;

(5)乙方需在上述限定时间内完成工程搭建,展台搭建效果应达到设计方案的要求,若达不到要求导致效果不满意,乙方应尽力修改,直至客户满意。

(6)由甲方现场临时变更或修改项目材料,造成工期延误,以及增加费用由甲方负担。在施工过程中有增加项目,由乙方做出预算经甲方确认后,进行制作安装。如甲方不认可,乙方有权拒绝增加项目和安装。

(7)合同争议的解决方式

双方发生争议协商解决不成时,应在甲方所在地人民法院起诉解决。

12. 本合同一式贰份,双方各执一份。合同一经盖章、签字、乙方收到预付款,即刻生效。工程结束且款项全部结清后,本合同自行失效。

13. 本合同传真同样有效。合同未尽事宜,双方协商解决。

备注:若由不可抗力因素导致的展会搭建无法进行,乙方不承担责任。

甲方:________	乙方:合肥××展览展示服务有限公司
盖章:	盖章:
法人或代表签字:	法人或代表签字:
日期:______年______月______日______	日期:______年______月______日

开户行:徽商银行合肥×××支行

帐号:×××××××

5. 会展服务合同

(1)概念

会展服务合同是会展的主办或承办方与参展单位或与会者之间签订的提供有关会展服务的合同。

(2)会展服务合同主要内容

会展服务合同除了合同的一般内容外,也包括项目名称、数量、时间、地点、价格、服务内容和标准,对服务人员要求等内容。

拓展提高

会展业各方主体间的法律关系

一、会展组织者与参展商之间

众所周知,展览业中组织者的主要收入来源于参展企业。会展组织者为参展商提供包括寻找场地,划分展台、招来观众等服务,参展商因此给付会展组织者参展费、展台租赁费等报酬。由于会展汇聚巨大的信息流、技术流、商品流和人才流,参展商希望通过会展这个平台集中展示,批量促销、推出新产品、寻找新客户。会展组织者与参展商在这种相互需求关系的作用下,二者通过订立会展协议书、参展协议书,约定会展活动中双方权利义务等事项,形成合同法律关系。在我国会展法律法规还很不完善的情况下,会展活动中会展组织者与参展商之间所订立的合同,对于调整双方之间的利益关系,明确各方的权利义务关系，防止纠纷的产生、妥善处理会展中的问题，就起着至关重要的作用。我国的《合同法》还没有将会展合同单列，会展合同在我国还属于无名合同。对于无名合同而言，除了应类比适用《合同法》的相关规定外，还要适用民法的诚实信用，公平原则，参照合同目的及当事人的意思等进行处理。我国目前没有统一的会展法，因此相关领域内的法律如《合同法》、《消费者权益保护法》、《知识产权法》、《商标法》等，还将起重要的调整作用。

二、会展组织者和会展代理服务商之间

会展的成功举办需要多方配合和协调。广义上的会展服务，既包括发生在展览现场的租赁、广告、保安、清洁、展品运输、仓储、展位搭建等专业服务，也包括餐饮、旅游、住宿、交通、运输等相关行业的配套服务。为了会展的顺利进行，会展组织者往往会尽其所能取得参展商的满意和信任，会把一些展会服务项目承包给其他的机构，以便全方位地为参展商服务，因此而产生了会展代理服务商。现在最主要的会展服务商包括：展位承建商、展品运输代理商、展会旅游代理商等。他们在展览会中与参展商和专业观众发生最直接的交易关系，是参展商和观众对于一个展览会配套服务是否全面、专业的最直接的评判来源，因此他们的好坏直接影响到参展商和观众对于展览会的评价。会展组织者和会展代理服务商之间的关系不可缺少法律的约束，以明确约定双方的权利义务。

三、参展商之间

会展活动是一个汇集人流、物流、信息流的公共平台，品牌推广、产品交易、信息交流、合作招商是参展商参展的四个目标。从目前会展领域实际情况看，参展商之间的不正当竞争关系是客观存在的，甚至是比较普遍的现象。他们之间的法律问题主要集中在知识产权和名誉权等方面，并由此而引起会展组织者和场馆经营者的连带责任问题。因此，相关法律法规对于规范参展商的参展行为、加强对参展商参展行为的监督、保护采购商和消费者的权益起着非常重要的作用。

四、会展组织者与展会观众之间

展会观众是通过购买门票或提前注册入场参观、与参展商进行洽谈和交易的自然人、企业以及其他相关的市场主体。展会观众是展会的最终用户和消费者，是展会的最终服务对象，也是吸引参展商参展，从而维持和发展展会项目的最根本保证。在我国现行的规章制度中，没有针对观众的特殊要求。会展业根据观众身份不同，将参加会展的观众分为普通观众和专业观众。普通观众就是一般的公众，一般综合性博览会，参观者大部分人是普通观众，普通观众可以成为门票收入的重要来源。专业观众包括贸易商、采购商、批发商、科研教育人士、政府官员等。从法律角度分析，展会向社会公开发售看展门票或由参观者提前注册，这种门票销售或注册的过程，其实质是会展组织者与购票或注册者之间在订立一种特殊形式的经济合同，在这一环节的契约关系中，当事人双方的法律地位是平等的。购票与注册者以出资或注册的形式获取看展的权利，会展组织者通过提供场地和相关会展服务获取利润，成为会展经营者一方。会展组织者有义务提供相应的展示内容和服务，保证会展场所的安全，并且对于参展商的展品负有知识产权监督审查的义务。

五、参展商与展会观众之间的关系

展览从性质上分，有贸易和消费两种。贸易性质的展览是为制造业、商业等行业举办的展览，展览的主要目的是交流信息、洽谈贸易；消费性质的展览基本上是在展出消费品，目的主要是直接销售。展览的性质由展览组织者决定，可以通过参观者的成分反映出来：对工商业开放的展览是贸易性质的展览，对公众开放的展览一般是消费性质的展览。具有贸易和消费两种性质的展览被称作是综合性展览。经济越不发达的国家，展览的综合性倾向越重；反之，经济越发达的国家，展览的贸易和消费性质分得越清。无论哪种性质的展览，参展商提供的展品都要符合消费者权益保护法、产品质量法等法律的规定，参展商与贸易或消费对方当事人之间还必须遵守合同法的相关规定。

思考练习

一、填空题

1. ________是会展活动中出租人将租赁物交付承租人使用、收益，承租人向出租人支付租金的合同。
2. ________是展商交付标的物并转移标的物的所有权于采购商，采购商支付价款的合同。
3. ________是为满足会展需求，在提供地与会展地之间，对会展材料设备与会展物品的高效率、低成本流动和储存而进行的一整套规划、实施和控制过程搜索。
4. 买卖合同既可用文字表示，也可用________表示。
5. 会展合同是双方________合同。会展合同双方当事人互付对等给付义务，以展台搭建合同为例，搭建商为参展商搭建展台，参展商需要给搭建商提供费用。

二、简答题

会展合同特征有哪些？

学习任务4 会展相关知识产权法

任务概述

会展知识产权法是会展活动中常用的法律。在本任务我们将学习什么是会展知识产权；会展知识产权侵权表现有哪些；目前我国会展知识产权保护法规与措施是怎样的。

任务目标

- 能够理解会展知识产权

- 能够分析会展知识产权侵权表现
- 能够知道我国会展知识法规与措施

学习内容

案例分析

知识产权成为我国会展业大问题

作为世界第一大展——CeBIT Hannover 吸引了 70 多个国家 6 000 名参展商和全球超过 250 万的观众前往参观，其中中国厂商预计将超过 410 家。但是，由于国内个别参展企业在产品的技术和外形等方面涉嫌侵权，引来国外知名企业投诉。在 CeBIT2007 还没有"完美"地画上句号的时候，由侵犯知识产权问题所引发的争论却成为本次展会中国参展商的"瑕疵"。

请问：国内参展企业为何受到国外知名企业投诉？

一、会展知识产权概念

知识产权是指人们就其智力劳动成果所依法享有的专有权利，通常是国家赋予创造者对其智力成果在一定时期内享有的专有权或独占权。比如发明、文学和艺术作品，以及在商业中使用的标志、名称、图像以及外观设计，都可被认为是某一个人或组织所拥有的知识产权。

会展知识产权包括展会本身的知识产权和展品知识产权。展览会本身的知识产权包括展览会的设计理念，展台搭建设计，展览会的 LOGO 及名称，还包括展品的专利权、商标权、著作权等。

二、会展知识产权侵权的表现

1. 展品侵权

展品侵权是目前会展知识产权侵权最主要的表现，展品侵权主要表现大多在商标侵权、专利侵权。商标侵权在展会现场使用相同或近似商标，或者其他干涉妨碍商标权人使用其注册商标的行为。例如某糖酒展会某家参展商展品商标为康帅傅，有误导消费者、侵权康师傅的嫌疑；如在某展销商出售虚假的耐克服饰，香奈尔展品，都属于严重的商标侵权。专利侵权主要是在展会现场未经他人允许盗用他们专利的产品的颜色、外观、原理等。例如 2012 年苹果因三星第一代 Galaxy 手机与其 iPhone 的相似程度太大，在向三星发出专利授权要约遭拒后便将三星告上了法庭。

案例分析

中国参展企业展品侵权遭投诉

2006年10月3日至5日,在巴黎举办的世界制药原料展览会(简称CPHI)上,法国制药企业赛诺菲—安万特(S a n o fi －A v e n tis)集团指控我国3家参展企业展览、交易的原料药产品侵犯了其原研药物Rimonabant(减肥药的一种原料)的专利权。法国内政部负责打击假冒侵权的部门对6名涉案的参展人员进行了司法调查。

Rimonabant(利莫那班)是欧洲第一大、全球第三大制药公司赛诺菲－安万特今年才由其研发投入市场的药物,主要治疗肥胖和烟瘾,曾被预料为该公司今年推出的一个"重磅炸弹"药物,该产品仅研发投入就达8亿多美元。利莫那班刚开始上市,预计每年市场销售额将高达30亿美元,占赛诺菲未来收入的40%,是其未来的主要利润之源。

案发后,中国商务部、驻法大使馆经商处、中国医药保健品进出口商会(下称"医保商会")开始介入斡旋,赛诺菲－安万特公司最初以刑事罪起诉,经过中国驻法使馆的努力,撤换为商业侵权案起诉。而巴黎当地法院在调查取证后,也裁定这一起诉属于企业商业纠纷,11月14日,这6名被扣的参展人员才得以获释,随后回到国内。

这次中国厂商人员是在参展时候突然遭遇扣押和官司,被起诉罪名并不轻,法国安万特就其专利产品利莫那班,一共起诉中国3家企业6项罪名,分别是"有组织的团伙冒牌制造专利保护产品""有组织的团伙出售和出口冒牌产品""刊登不实广告""模仿和删除商标"以及"由于出售的消费品有引起危险之虞因此加重情节的欺骗未遂"等。这些被诉罪名一旦成立,依照法国法律,有关人员可能被判5年监禁和50万欧元的罚款。

据报道:就事后3家涉案企业表现出来的茫然举措和当天参展的国内医药企业全部"弃柜"落荒而逃的狼狈使他们淡薄的知识产权保护意识显露无遗,他们此前并不知道自己参展的产品会侵犯赛诺菲—安万特集团的专利权,在自己的医药代表被扣押后,他们向上游的国内制药企业调查的时候才知道,这些减肥药只能在欧盟以外的国家销售。

上述案例中,中国参展企业展品侵权主要表现在哪些方面?对你有什么启示?

2. 会展项目侵权

会展项目品牌知识产权侵权主要表现题材相似展会重复性举办,展会活动本身就是一种知识型产品,含有展会名称、题材、品牌等相关无形信息。目前现在我国在这方面的法律相对欠缺,没有针对重复性展会侵权问题进行处理。以实例说明会展项目品牌侵权,例如某一家组展商举办华东地区糖酒会,另一个公司则在不同的时间也采用这个展会名称,有混淆会展客户视听的嫌疑,让会展客户会误以为是一家,或者把这家的当成那家的。会展项目侵权,一般都是小型会展公司盗用大公司的项目。作为一家大型的外资展览企业科隆中国总经理冯向军曾公开表示,科隆经常遭遇规模相对小的会展机构的侵权,"有的公司甚至完全拷贝我们的招展格式、照搬展览内容，惟一不同的是‘主办单位’。”他说，遇到这种情况，科隆中国一般通过律师发律师函的方式警告侵权企业，此外会告知自己的客户，侵权产品与本企业没有关系。

案例分析

翻拍画作展览遭索赔

2014年1月1日至2月16日，杭州某广告公司与青岛一展览公司合作，在青岛某商场举办新年3D魔幻艺术展，青岛展览公司支付了杭州广告公司30幅3D画作品版权租赁费35万元，另有展览制作、宣传营销、人员服务等费用大约80万元。

青岛展览公司的负责人说，因为去年在青岛奥帆博物馆的3D魔幻艺术展非常成功，因此对票房收入很有信心。根据他们的测算，再加上对寒假市场的分析，原本乐客城3D新年画展预计票房收入150万元。

但很快，主办方发现，同城另一场”山寨展“正如火如荼展开。2014年1月15日至2月15日，被告青岛某购物广场有限公司在其新业广场商场也主办了一场3D魔幻艺术展，展出了35幅3D艺术画，而且是免费的，目的是提高商场客流量。

从媒体广告上看到这个展览消息后，青岛这家展览公司的负责人马上去了这家商场。“他们的3D画作品制作相当粗糙，基本都是来自网络下载、翻拍，然后广告喷绘出来的劣质作品，抛下展品质量不说，最让我们震惊的是，他们展出的35幅3D艺术画，其中有17幅是直接拷贝了我们去年在奥帆博物馆展览的作品。”而这17幅作品著作权归属为原告杭州广告公司。

随后杭州广告公司与青岛展览公司以知识产权被侵为由将青岛某商场告上法庭，并要求170多万元赔偿。

案例中，青岛某商场为何被告侵权？

3. 会展设计侵权

会展设计包括场馆设计、展台设计及其他方面的设计，会展设计的创意、图纸都具有著作权，设有保密协议。展台搭建公司无意或恶意泄露设计创意或图纸，或者模仿抄袭他人作品。作为展台设计搭建商，他们在展台设计投标时最怕的是，参展商以种种借口不让他们的方案中标，然后却又转手将扣留下来的设计图纸或方案提交给第三方抄袭使用或略有改动使用，其目的全在于图省钱。其实，这里确实涉及到一些知识产权方面的问题，实质上这都是侵权行为。

案例分析

设计方案被盗用　会展公司起诉维权

发现自己公司的展台设计方案被其他公司盗用后，因交涉无果，北京某会展有限公司将涉嫌侵权的武汉市某服饰公司及武汉市某商会起诉至顺义法院，要求停止侵权行为并赔偿损失。近日，顺义法院已受理该案。

原告北京某会展公司诉称：其公司是一家从事会议及展览服务的公司，服务内容包括设计、制作、代理、发布广告等。2013年年初，武汉市某服饰公司找到原告要求对其公司即将在2013年3月在北京国际展览中心进行的服装展台进行包装设计并负责后期展台搭建等施工工作。起初武汉市某服饰公司经理负责与原告进行磋商具体展台设计细节，后原告一共出了两套设计方案并提供了报价单。某服饰公司对设计相当满意。但是，在对方掌握原告设计方案后，多次与其联系合作事宜，对方都置之不理。因此原告与某服饰公司之间并未最终签订合作协议。

2013年3月，原告也参加了展会。在展会中发现：武汉市某服饰公司的展台设计总体外观和设计及展台形状和原告出具的设计方案如出一辙。后找到武汉市某服饰公司经理交涉此事，但其一直避而不谈。并在电话中告知已把设计方案转交给了武汉市某商会，原告应该和商会交涉关于盗用设计方案事宜。

之后，原告与某商会秘书长进行交涉，该商会秘书长对商会擅自使用原告设计图纸及方案事实予以承认。同时表示，商会愿意给予3 000元的经济补偿。原告感觉对方毫无悔改诚意且该赔偿金额实在难以弥补我公司因此所遭受的经济损失。故起诉请求判令二被告立即停止侵权责任；消除影响并公开向原告赔礼道歉；赔偿原告经济损失12万余元；并承担原告的合理费用5 000元。

案例中的会展设计方案是如何被侵权的？

三、会展知识产权保护法规与措施

从会展知识产权可执行的法规讲，与会展知识产权有关的主要有《中华人民共和国著作权法》、《中华人民共和国专利法》、《中华人民共和国商标法》等。另外还有一类是国务院行政层面，对一些新型知识产权作了单独性规定，如《计算机软件保护条例》等。

在中央的主管部门中，最早的是对外贸易经济合作部《关于进出口商在广交会期间加强商标工作的通知》([1994]外经贸管原函字第272号)的规定，要求进出口商会除在广州交易会期间指派专人负责商标工作外，在参加其他各类对外经济贸易展览会期间，应配合主办单位和组团单位做好本商会会员企业间的商标使用协调、检查工作。1995年9月1日，对外贸易经济合作部《关于在各类对外经济贸易展览会期间加强商标管理工作的通知》要求各类对外经济贸易展览会期间，各参展企业必须严格遵守《关于对外贸易中商标管理的规定》。中国出口商品交易会(广交会)也于2002年11月16日出台《中国出口商品交易会涉嫌侵犯知识产权的投诉及处理办法》。2007年商务部《关于加强境外参展组展知识产权保护工作的函》建立知识产权侵权责任追究制度，对于在境外展览期间，因知识产权侵权造成恶劣后果的，视情对国内参展企业或组展单位给予必要的处罚。

为适应会展业发展，2006 年 1 月 11 日商务部、国家工商总局、国家版权局、国家知识产权局联合发布了《展会知识产权保护办法》，并于 2006 年 3 月 1 日开始实施。展览和展品的知识产权保护问题，从此有法可依。

拓展提高

展会知识产权保护办法

第一章 总则

第一条 为加强展会期间知识产权保护，维护会展业秩序，推动会展业的健康发展，根据《中华人民共和国对外贸易法》《中华人民共和国专利法》《中华人民共和国商标法》和《中华人民共和国著作权法》及相关行政法规等制定本办法。

第二条 本办法适用于在中华人民共和国境内举办的各类经济技术贸易展览会、展销会、博览会、交易会、展示会等活动中有关专利、商标、版权的保护。

第三条 展会管理部门应加强对展会期间知识产权保护的协调、监督、检查，维护展会的正常交易秩序。

第四条 展会主办方应当依法维护知识产权权利人的合法权益。展会主办方在招商招展时，应加强对参展方有关知识产权的保护和对参展项目（包括展品、展板及相关宣传资料等）的知识产权状况的审查。在展会期间，展会主办方应当积极配合知识产权行政管理部门的知识产权保护工作。

展会主办方可通过与参展方签订参展期间知识产权保护条款或合同的形式，加强展会知识产权保护工作。

第五条 参展方应当合法参展，不得侵犯他人知识产权，并应对知识产权行政管理部门或司法部门的调查予以配合。

第二章 投诉处理

第六条 展会时间在三天以上（含三天），展会管理部门认为有必要的，展会主办方应在展会期间设立知识产权投诉机构。设立投诉机构的，展会举办地知识产权行政管理部门应当派员进驻，并依法对侵权案件进行处理。

未设立投诉机构的，展会举办地知识产权行政管理部门应当加强对展会知识产权保护的指导、监督和有关案件的处理，展会主办方应当将展会举办地的相关知识产权行政管理部门的联系人、联系方式等在展会场馆的显著位置予以公示。

第七条 展会知识产权投诉机构应由展会主办方、展会管理部门、专利、商标、版权等知识产权行政管理部门的人员组成，其职责包括：

（一）接受知识产权权利人的投诉，暂停涉嫌侵犯知识产权的展品在展会期间展出；

（二）将有关投诉材料移交相关知识产权行政管理部门；

（三）协调和督促投诉的处理；

（四）对展会知识产权保护信息进行统计和分析；

（五）其他相关事项。

第八条　知识产权权利人可以向展会知识产权投诉机构投诉也可直接向知识产权行政管理部门投诉。权利人向投诉机构投诉的，应当提交以下材料：

（一）合法有效的知识产权权属证明：涉及专利的，应当提交专利证书、专利公告文本、专利权人的身份证明、专利法律状态证明；涉及商标的，应当提交商标注册证明文件，并由投诉人签章确认，商标权利人身份证明；涉及著作权的，应当提交著作权权利证明、著作权人身份证明；

（二）涉嫌侵权当事人的基本信息；

（三）涉嫌侵权的理由和证据；

（四）委托代理人投诉的，应提交授权委托书。

第九条　不符合本办法第八条规定的，展会知识产权投诉机构应当及时通知投诉人或者请求人补充有关材料。未予补充的，不予接受。

第十条　投诉人提交虚假投诉材料或其他因投诉不实给被投诉人带来损失的，应当承担相应法律责任。

第十一条　展会知识产权投诉机构在收到符合本办法第八条规定的投诉材料后，应于24小时内将其移交有关知识产权行政管理部门。

第十二条　地方知识产权行政管理部门受理投诉或者处理请求的，应当通知展会主办方，并及时通知被投诉人或者被请求人。

第十三条　在处理侵犯知识产权的投诉或者请求程序中，地方知识产权行政管理部门可以根据展会的展期指定被投诉人或者被请求人的答辩期限。

第十四条　被投诉人或者被请求人提交答辩书后，除非有必要作进一步调查，地方知识产权行政管理部门应当及时作出决定并送交双方当事人。

被投诉人或者被请求人逾期未提交答辩书的，不影响地方知识产权行政管理部门作出决定。

第十五条　展会结束后，相关知识产权行政管理部门应当及时将有关处理结果通告展会主办方。展会主办方应当做好展会知识产权保护的统计分析工作，并将有关情况及时报展会管理部门。

第三章　展会期间专利保护

第十六条　展会投诉机构需要地方知识产权局协助的，地方知识产权局应当积极配合，参与展会知识产权保护工作。地方知识产权局在展会期间的工作可以包括：

（一）接受展会投诉机构移交的关于涉嫌侵犯专利权的投诉，依照专利法律法规的有关规定进行处理；

（二）受理展出项目涉嫌侵犯专利权的专利侵权纠纷处理请求，依照专利法第五十七条的规定进行处理；

（三）受理展出项目涉嫌假冒他人专利和冒充专利的举报，或者依职权查处展出项目中假冒他人专利和冒充专利的行为，依据专利法第五十八条和第五十九条的规定进行处罚。

第十七条　有下列情形之一的，地方知识产权局对侵犯专利权的投诉或者处理请求不予受理：

（一）投诉人或者请求人已经向人民法院提起专利侵权诉讼的；

（二）专利权正处于无效宣告请求程序之中的；

（三）专利权存在权属纠纷，正处于人民法院的审理程序或者管理专利工作的部门的调解程序之中的；

（四）专利权已经终止，专利权人正在办理权利恢复的。

第十八条　地方知识产权局在通知被投诉人或者被请求人时，可以即行调查取证，查阅、复制与案件有关的文件，询问当事人，采用拍照、摄像等方式进行现场勘验，也可以抽样取证。

地方知识产权局收集证据应当制作笔录，由承办人员、被调查取证的当事人签名盖章。被调查取证的当事人拒绝签名盖章的，应当在笔录上注明原因；有其他人在现场的，也可同时由其他人签名。

第四章　展会期间商标保护

第十九条　展会投诉机构需要地方工商行政管理部门协助的，地方工商行政管理部门应当积极配合，参与展会知识产权保护工作。地方工商行政管理部门在展会期间的工作可以包括：

（一）接受展会投诉机构移交的关于涉嫌侵犯商标权的投诉，依照商标法律法规的有关规定进行处理；

（二）受理符合商标法第五十二条规定的侵犯商标专用权的投诉；

（三）依职权查处商标违法案件。

第二十条　有下列情形之一的，地方工商行政管理部门对侵犯商标专用权的投诉或者处理请求不予受理：

（一）投诉人或者请求人已经向人民法院提起商标侵权诉讼的；

（二）商标权已经无效或者被撤销的。

第二十一条　地方工商行政管理部门决定受理后，可以根据商标法律法规等相关规定进行调查和处理。

第五章　展会期间著作权保护

第二十二条　展会投诉机构需要地方著作权行政管理部门协助的，地方著作权行政管理部门应当积极配合，参与展会知识产权保护工作。地方著作权行政管理部门在展会期间的工作可以包括：

（一）接受展会投诉机构移交的关于涉嫌侵犯著作权的投诉，依照著作权法律法规的有关规定进行处理；

（二）受理符合著作权法第四十七条规定的侵犯著作权的投诉，根据著作权法的有关规定进行处罚。

第二十三条　地方著作权行政管理部门在受理投诉或请求后，可以采取以下手段收集证据：

（一）查阅、复制与涉嫌侵权行为有关的文件档案、帐簿和其他书面材料；

（二）对涉嫌侵权复制品进行抽样取证；

（三）对涉嫌侵权复制品进行登记保存。

第六章　法律责任

第二十四条　对涉嫌侵犯知识产权的投诉，地方知识产权行政管理部门认定侵权成立的，应会同会展管理部门依法对参展方进行处理。

第二十五条　对涉嫌侵犯发明或者实用新型专利权的处理请求，地方知识产权局认定侵权成立的，应当依据专利法第十一条第一款关于禁止许诺销售行为的规定以及专利法第五十七条关于责令侵权人立即停止侵权行为的规定作出处理决定，责令被请求人从展会上撤出侵权展品，销毁介绍侵权展品的宣传材料，更换介绍侵权项目的展板。

对涉嫌侵犯外观设计专利权的处理请求，被请求人在展会上销售其展品，地方知识产权局认定侵权成立的，应当依据专利法第十一条第二款关于禁止销售行为的规定以及第五十七条关于责令侵权人立即停止侵权行为的规定作出处理决定，责令被请求人从展会上撤出侵权展品。

第二十六条　在展会期间假冒他人专利或以非专利产品冒充专利产品，以非专利方法冒充专利方法的，地方知识产权局应当依据专利法第五十八条和第五十九条规定进行处罚。

第二十七条　对有关商标案件的处理请求，地方工商行政管理部门认定侵权成立的，应当根据《商标法》、《商标法实施条例》等相关规定进行处罚。

第二十八条　对侵犯著作权及相关权利的处理请求，地方著作权行政管理部门认定侵权成立的，应当根据著作权法第四十七条的规定进行处罚，没收、销毁侵权展品及介绍侵权展品的宣传材料，更换介绍展出项目的展板。

第二十九条　经调查，被投诉或者被请求的展出项目已经由人民法院或者知识产权行政管理部门作出判定侵权成立的判决或者决定并发生法律效力的，地方知识产权行政管理部门可以直接作出第二十六条、第二十七条、第二十八条和第二十九条所述的处理决定。

第三十条　请求人除请求制止被请求人的侵权展出行为之外，还请求制止同一被请求人的其他侵犯知识产权行为的，地方知识产权行政管理部门对发生在其管辖地域之内的涉嫌侵权行为，可以依照相关知识产权法律法规以及规章的规定进行处理。

第三十一条　参展方侵权成立的，展会管理部门可依法对有关参展方予以公告；参展方连续两次以上侵权行为成立的，展会主办方应禁止有关参展方参加下一届展会。

第三十二条　主办方对展会知识产权保护不力的，展会管理部门应对主办方给予警告,并视情节依法对其再次举办相关展会的申请不予批准。

第七章　附则

第三十三条　展会结束时案件尚未处理完毕的,案件的有关事实和证据可经展会主办方确认,由展会举办地知识产权行政管理部门在15个工作日内移交有管辖权的知识产权行政管理部门依法处理。

第三十四条　本办法中的知识产权行政管理部门是指专利、商标和版权行政管理部门;本办法中的展会管理部门是指展会的审批或者登记部门。

第三十五条　本办法自2006年3月1日起实施。

思考练习

一、填空题

1. ________是指人们就其智力劳动成果所依法享有的专有权利,通常是国家赋予创造者对其智力成果在一定时期内享有的专有权或独占权。
2. 会展知识产权包括展会本身的知识产权和________知识产权。
3. ________是目前会展知识产权侵权最主要的表现,展品侵权主要表现大多在商标侵权、专利侵权。
4. 在某展销商出售虚假的耐克服饰,香奈尔展品,都属于严重的________侵权。
5. 会展________主要表现题材相似展会重复性举办,展会活动本身就是一种知识型产品,含有展会名称、题材、品牌等相关无形信息。

二、简答题

会展知识产权侵权的表现有哪些?

三、案例分析

西班牙INDAL集团是一家主要从事各类灯具设计、制造、销售的公司,在欧洲颇有知名度,产品在欧洲设计,然后委托中国公司生产(OEM),产品全部出口,在中国并无销售,但在中国知识产权局对灯具都申请了外观设计专利。2010年,INDAL公司在参观中国进出口商品交易会(简称广交会)时发现一家来自宁波余姚的A公司抄袭、仿制了INDAL公司的灯具,正在广交会上进行展示、销售。

试问:INDAL该如何维护自己的知识产权、制止侵权行为?

单元要点归纳

- 会展相关法律法规
  - 会展相关法律法规
    - 会展法律法规对会展业的作用
    - 我国会展管理体制
    - 我国会展业的法律法规现状
    - 我国会展业的法律体系
  - 会展相关公司法
    - 会展公司内涵与分类
    - 会展相关公司法的概念和性质
    - 会展公司登记管理
  - 会展相关合同法
    - 合同法与会展合同
    - 会展合同的种类及相关内容
  - 会展相关知识产权法
    - 会展知识产权的概念
    - 会展知识产权侵权的表现
    - 会展知识产权保护法规与措施

项目四　会展商务礼仪接待要求

项目概述

商务礼仪是在商务活动中体现相互尊重的行为准则。商务礼仪的核心是一种行为的准则,用来约束我们日常商务活动的方方面面。商务礼仪的核心作用是为了体现人与人之间的相互尊重。熟悉会展商务礼仪接待要求对会展公共关系从业人员来说至关重要。在本项目中我们将学习会展日常商务接待礼仪,如问候与称呼、介绍、握手、交换名片、站姿、坐姿、走姿、电话礼仪、乘车礼仪、乘坐电梯礼仪等;学习会展特殊场合商务接待礼仪,如开幕式礼仪、新闻发布会礼仪、宴会礼仪、涉外礼仪等。

项目目标

- 能够灵活使用会展日常商务接待礼仪
- 能够熟知会展特殊场合商务接待礼仪要求

学习任务1 会展日常商务接待礼仪

任务概述

日常商务接待礼仪是会展公关人员应具备的基本技能，日常商务接待礼仪不仅能够反映出会展公共人员良好的精神面貌与职业素养，更能够体现会展企业良好的组织形象。在本任务中我们将学到会展日常接待商务礼仪，具体包括会面礼仪、个人举止礼仪、沟通接待礼仪。

任务目标

- 能够熟悉问候与称呼、见面介绍、握手、交换名片等会面礼仪要求
- 能够熟悉站姿、坐姿、走姿等个人举止礼仪要求
- 能够熟悉敲门礼仪、电话礼仪、乘车礼仪、乘坐电梯礼仪等沟通接待礼仪要求

学习内容

一、会面礼仪

会面礼仪商务社交活动是每个人都必须参与的、会面时交往的第一步。心理学的研究成果表明：人们第一次见面给对方留下的印象最为深刻，而且对以后的人际交往起着指导作用。因此，人们对会面的礼仪规范应特别引起重视。会面礼仪包括问候与称呼、介绍、握手、交换名片。

案例分析

五里与无礼的故事

有个年轻人骑马赶路，眼看已近黄昏，可是前不着村，后不着店。正在着急，忽见一位老汉从这儿路过，他便在马背上高声喊道："喂！老头儿，离客店还有多远？"老人回答："五里！"年轻人策马飞奔，急忙赶路去了，结果一口气跑了十多里，仍不见人烟，他暗想，这老头儿真可恶，说谎骗人，非得回去教训他一下不可。他一边想着，一边自言自语道："五里、五里，什么五里！"猛然，他醒悟过来了，这个"五里"，不是"无礼"的谐音吗？于是掉转马头往回赶。碰上了那位老人，急忙翻身下马，亲热地叫了声："老大爷！"话没说完，老人便说："客店已走过头了，如不嫌弃，可到我家一住。"

通过这个故事，你得到什么启示呢？

1. 问候与称呼

(1)问候与称呼语言

问候是见面时最先向对方传递的信息。对不同环境里所见的人,要用不同方式的问候语。和初次见面的人问候,最标准的说法是:“你好”“很高兴认识您”“见到您非常荣幸”等。如果对方是有名望的人,也可以说“久仰”“幸会”;与熟人想见,用语可以亲切、具体一些,如“可见着你了”。对于一些业务上往来的朋友,可以使用一些称赞语:“你气色不错”“你越长越漂亮了”等等。

在社交中,人们对称呼一直都很敏感,选择正确,恰当的称呼,既反映自身的教养,又体现对他的重视。称呼一般可以分为职务称、姓名称、职业称、一般称、代词称、年龄称等。

职务称包括经理、主任、董事长、科长、老板等,例如王经理、张医生、李课程等。

姓名称通常是以姓或姓名加“先生、女士、小姐”,一般情况下少用“小姐”称呼女性,一般称呼为××女士,如张女士、王女士。

职业称是以职业为特征的称呼,如医生、律师、教授等,例如称呼张医生、李律师、王教授。

代词称是用“您”“你们”等来代替其他称呼,面对职位较高、备受尊敬的人一般用“您”称呼,例如对上级、长辈,在谈话时都称呼为“您”。

年龄称主要以“大爷、大妈、叔叔、阿姨”等来称呼。使用称呼时,一定要注意主次关系及年龄特点,如果对多人称呼,应以年长为先,上级为先,关系远为先。

(2)问候与称呼的忌讳

问候的忌讳主要包括四忌,一忌问收入,二忌问年龄,三忌问婚姻、四忌问健康。例如,王经理,您一个月收入是多少?年终奖呢?这样会让人觉得隐私受到侵犯。询问女性年龄是特别忌讳的。例如,李小姐,今年多大了?结婚了吗?一方面侵犯别人隐私,另一方面女性年龄是保密的,一般不愿泄露。若是别人未婚或者离婚,问别人婚姻问题,会让别人会很尴尬。例如问别人:你身体还好吗?会让别人误以为他身体健康有问题。

称呼的忌讳主要包括四忌,一是误读别人姓氏;二是误会被称呼人的年纪、辈分、婚否;三是使用不通行的称呼;四是使用别人绰号。

例如“单”在读姓时是“shan”而不是“dan”;如称呼未婚女士为夫人。有些称呼,具有一定的地域性,比如,北京人爱称人为“师傅”,山东人爱称人为“伙计”,中国人把配偶、孩子经常分别称为“爱人”“小鬼”。但是,在南方人听来,“师傅”等于“出家人”,“伙计”肯定是“打工仔”。而外国人则将“爱人”理解为“婚外恋”的“第三者”,将“小鬼”理解为“鬼怪”“精灵”。使用别人绰号,对于关系一般者,切勿自作主张给对方起绰号,更不能随意以道听途说来的对方的绰号去称呼对方。至于一些对对方具有侮辱性质的绰号,例如,“拐子”“秃子”“罗锅”“四眼”“肥肥”“傻大个”“柴禾妞”“麻杆儿”等等,则更应当免开尊口。另外,还要注意,不要随便拿别人的姓名乱开玩笑。要尊重一个人,必须首先学会去尊重他的姓名。

案例分析

称呼绰号导致同事关系恶劣

小刘无意中听到小王的老同学称呼他“四眼”，于是他如获至宝地记住了，觉得以后这样称呼小王，显得多亲切呀。第二天，当他在办公室里对着小王称呼“四眼”的时候，办公室所有人都莫名其妙地看着小刘，而小王则已满脸通红，生气地对着小刘说：“你是谁呀，这个是你能叫的吗……”从此，小刘不再搭理小王。

小刘做错了什么?

2. 见面介绍

介绍主要分为自我介绍和为他人介绍两种。

(1)见面介绍语言

自我介绍时，主要向对方讲清自己的姓名、身份和单位(国家)即可，介绍时要自然大方，声音温和适中。自我介绍常用语言是“我叫××，在某单位工作。”“恕我冒昧，我是某某单位的。”“您就叫××我好了”。如果一方是二人以上，则由身份最高者出面做自我介绍，然后再将其他人员按一定顺序一一介绍给对方。

为他人介绍时要以手示意，并和对方目光相接。被介绍者要说“您好”“久仰久仰”或“见到您非常高兴”，并主动握手或点头示意，表示友善、创造良好气氛。

(2)介绍场合及方式

在交际场合结识朋友，可由第三者介绍，也可自我介绍相识。为他人介绍，要先了解双方是否有结识的愿望，不要贸然行事。无论自我介绍或为他人介绍，做法都要自然。例如，正在交谈的人中，有你所熟识的，便可趋前打招呼，这位熟人顺便将你介绍给其他客人。在这些场合亦可主动自我介绍，讲清姓名、身份、单位(国家)，对方则会随后自行介绍。为他人介绍时还可说明与自己的关系，便于新结识的人相互了解与信任。介绍具体人时，要有礼貌地以手示意，而不要用手指指点点。

在非正式场合，自我介绍要注意一些细小的礼仪环节。比如，甲或乙正在交谈，你想加入，而你们彼此又不认识，你就应该选择甲乙谈话出现停顿的时候再去自我介绍，并说一些:“对不起，打扰一下，我是……。”“很抱歉，可以打扰一下吗? 我是……”。“你们好，请允许我自己介绍一下……”之类的话。

(3)介绍的顺序

介绍的顺序一般是:先把男士介绍给女士;先把主人介绍给客人;先把年轻的介绍给年长的;先把身份低的介绍给身份高的;先把未婚女子介绍给已婚妇女;先把年轻的身份低的妇女介绍给年长的身份高的男士;先把儿童介绍给成人。

案例分析

这样的介绍好不好

约翰·梅森·布朗是一位作家兼演说家。一次他应邀去参加一个会议并进行演讲。演讲开始前,会议主持人将布朗先生介绍给观众:“先生们,请注意了,今天晚上我给你们带来了不好的消息。我们本想要求伊塞卡·马克森来给我们讲话,但他来不了,病了。后来我们要求参议员布莱德里奇前来,可他太忙了。最后我们请到了——约翰·梅森·布朗。”

请分组讨论:这样介绍好不好?为什么?

3. 握手礼仪

通常年长(尊)者先伸手后,另一方及时呼应。来访时、主人先伸手以表示欢迎。告辞时,待客人先伸手后,主人再相握。握手的力度以不握疼对方的手为限度。初次见面时,时间一般控制在3秒钟内。

(1)握手的场合

①遇到较长时间没见面的熟人;

②在比较正式的场合和认识的人道别;

③在以本人作为东道主的社交场合,迎接或送别来访者时;

④拜访他人后,在辞行的时候;

⑤被介绍给不认识的人时;

⑥在社交场合,偶然遇上亲朋故旧或上司的时候;

⑦别人给予你一定的支持、鼓励或帮助时;

⑧表示感谢、恭喜、祝贺时;

⑨对别人表示理解、支持、肯定时;

⑩向别人赠送礼品或颁发奖品时。

(2)握手的方法

正常人一定要用右手握手。以手指稍用力,握住对方的手掌时间一般以1~3秒为宜,双目注视对方,微笑致意或问好,上身略微前倾头要微低。右手握右手,上下摇晃三下后松开,一般不用双手相握。双方距离以一步为宜。见图4-1-1。

图4-1-1

(3)握手的次序

握手时首先应注意伸手的次序。在和女士握手时,男士要等女士先伸手之后再握,如女士不伸手,或无握手之意,男士则点头鞠躬致意即可,而不可主动去握住女士的手;在和长辈握手时,年轻者一般要等年长者先伸出手再握;在和上级握手时,下级要等上级先伸出手再趋前握手。另外,接待来访客人时,主人有向客人先伸手的义务,以示欢迎;送别客人时,主人不能主动握手,否则有逐客之嫌,这时客人要先伸手,表示对主人的感谢,并让主人留步。

(4)握手的禁忌

忌交叉握手。多人同时进行握手时,应该按照顺序一一握手,与另一方呈交叉状,甚至自己伸出左手同时与他人握手,都是严重的失礼行为。

忌出手太慢。此举会让人觉得你不愿意与他人握手。

忌在对方无意的情况下强行与其握手。

忌带手套与他人握手。如果女士戴有装饰性的手套则可以不摘。

忌在手不干净时与他人握手。此时可以礼貌地向对方说明情况并表示歉意。

忌握手后立刻用纸巾或手帕擦手。

具体见图 4-1-2。

交叉握手　　与第三者说话(目视他人)　　摆动幅度过大　　戴手套或手不清洁

图 4-1-2

案例分析

李扬为什么尴尬了?

李扬是某单位的经理,有一天,他被邀请参加一场晚宴,此次晚宴规模巨大,聚集了职场上的成功人士。在宴会上,郑瑞被朋友介绍给一位曹女士。为了表示自己的友好,他先把手伸出去了,可是那位曹女士居然没有反应,还在与一旁的朋友说说笑笑。郑瑞觉得非常的尴尬,觉得手不能再缩回去了,撑了大概 20 多秒,那位女士还是不配合,后来他一着急说:"蚊子!"转手去打莫须有的蚊子。这种场面让周围的人都不禁捏了把冷汗。李扬也是满脸通红地离开了。

请问:李扬为什么尴尬了?他做错了什么?

4. 交换名片

(1)交换名片的场合

交换名片一般用于首次见面场合,用于自我介绍。

(2)交换名片的方法

自己递名片时,首先起身站立,走上前去,双手或者右手将名片正面面对对方,高度要保持适中,要保持在腰部以上胸部以下的位置名片正面朝向对方。当别人递来名片时,应停止正在处理的事情,放下手上的东西,微笑起立,目视对方,应双手或右手接过,切勿单用左手接过。接过名片后,当即要用半分钟左右认真看一下名片,以示尊重。接过名片时要开口道谢,不可一言不发。见图4-1-3。

图4-1-3

值得注意的是别人先递名片时,若需要把自己的名片递过去,最好在收好对方名片之后再给,不要左右开工。看过名片后,应细心地放入上衣口袋或名片夹中。把玩、随意放到桌上、放在臀部后面的口袋、或交予他人,都是失礼的。

(3)交换名片的顺序

交换名片的顺序一般是"先客后主,先低后高"。当与多人交换名片时,应依照职位高低的顺序,或是由近及远依次进行,切勿跳跃式进行,以免给对方厚此薄彼之感。

案例分析

这样做,好不好

2014年3月,在某市召开的全国糖酒会上,某公司的赵总看到了久闻大名的创意集团的王董事长。晚餐会上,赵总主动上前做自我介绍,并递给了对方一张名片。刘董事长接过名片,马马虎虎地用眼睛瞄了一下,放在了桌子上,然后继续用餐。

运用所学礼仪知识分析,董事长的做法是否正确,为什么?

二、举止礼仪

1. 站姿

常言道:"站如松,坐如钟",这是中国传统的有关于形象的标准。人们在描述一个人生机勃勃充满活力的时候,经常使用"身姿挺拔"这类词语。站姿是衡量一个人外表乃至精神的重要标准。

(1)站姿分类及动作要领

站姿有很多种,可以分为男士、女士标准站姿,女士站姿和男士站姿。女士站姿包括女士前腹式站姿、女士腰际式站姿、女士交流式;男士站姿包括男士前腹式站姿、男士后背式站姿。

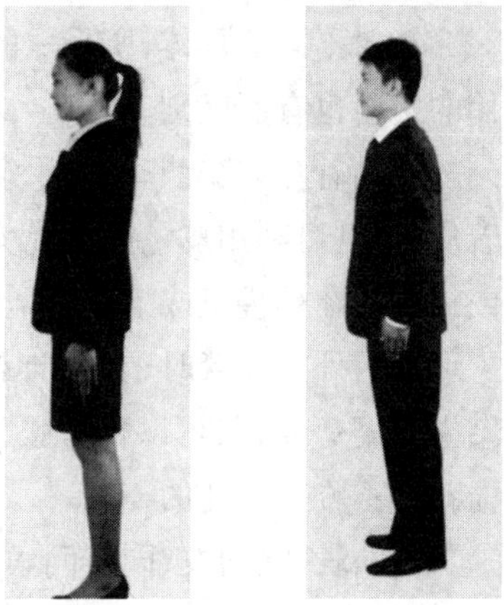

图4-1-4

男士、女士标准站姿动作要领:双脚八字步,两手放在身体两侧,手的中指贴于裤缝。这种站姿适用于升旗仪式等庄肃的场合。见图4－1－4。

女士前腹式站姿动作要领:双脚八字步或丁字步,双手虎口相交叠放于脐下三指处,手指伸直但不要外翘。上身正直、头正目平、腰直肩平、双臂自然下垂、挺胸收腹、两腿站直、肌肉略有收缩感、微收下颌,面带微笑。在工作及社交场合中可采用这种站姿。见图4－1－5。

女士腰际式站姿动作要领:双脚八字步或丁字步,双手虎口相交叠放于腰际,用拇指可以顶到肚脐处,手指伸直但不要外翘。在迎宾或是颁奖等重大场合中我们采用这种站姿。见图4－1－6。

女士交流式站姿动作要领:双手轻握放在腰际,手指可自然弯曲。在职场与客户或同事交流时可采用这种站姿。见图4－1－7。

男士前腹式站姿动作要领:双脚跨立步,左手在腹前握住右手手腕,或右手握住左手手腕。这种站姿适合在工作中与客户或同事交流时使用。

男士后背式站姿动作要领:双脚跨立步,双手在背后腰际相握,左手握住右手手腕或右手握住左手手腕。这种站姿适合在迎宾时使用。见图4－1－8。

图4－1－5

图4－1－6

图4－1－7

图4－1－8

(2)不同场合站姿注意事项

针对不同的群体,所采取的标准站姿侧重点不一样。同样,在不同的场合,人们所采用的站姿也有所区别。

当站着与人交谈时,如果空着手,则可双手在体前交叉,右手放在左手上。若手上拎着皮包,则可利用皮包摆出优美的姿势。同时还要注意,不要双臂交叉,更不能两手叉腰,或将手插在裤袋里或下意识地做小动作,如,摆弄打火机,香烟盒等。

当与外宾交谈时,要面向对方站立,且保持一定的距离,过远或过近都是不礼貌的。站立的姿势要正,可以稍弯腰,但切忌身体歪斜,两腿分开的距离过大,或倚墙靠柱、手扶椅背等不雅与失礼的姿态。

当向长辈、朋友、同事问候或做介绍时,不论握手或鞠躬,双足应当并立,相距约10厘米,且膝盖要挺直。

当在穿礼服或旗袍时,最好不要双脚并列,要让两脚之间前后距离5厘米,以其中一只脚为重心。

当在等车或等人时，两脚的位置可一前一后，保持45°角，这时的肌肉要放松且自然，但仍要保持身体的挺直。

2. 坐姿礼仪

正确的坐姿可以给人端庄、稳重的印象，使人产生信任感，同时也可以给双方的交谈带来方便。其实，坐姿本身就是一种身体语言，可以向对方传递信息，因此作为一种交谈手段加以注意。

(1)坐姿动作要领

就座时的正确动作：入座时要轻要稳。走到座位前，转身后，轻稳地坐下。女子入座时，若着裙装，应用手将裙摆稍稍收一下，不要坐下后再站起来整理衣服。坐下后身体上半身稍微向前倾，背部不要靠在椅背上，手要端正地放在腿上，鞋跟要靠拢。

如果是面对面谈话，身体要稍倾斜而坐，双膝自然并拢，双腿正放或侧放，双脚并拢或交叠。有的女性喜欢将腿跷得过高，这样会露出衬裙，有损美观和风度。双膝不要并得太紧，这会使人产生一种紧张、缺乏安全感的感觉。还有一点要谨记，那就是你再紧张、在心烦，也不要抖动你的双腿。

任何座位都不能坐得太深或太浅。坐得太深时，由于臀部及上身的重量与小腿的支撑点离得太远，做下去时会引起小腿肌肉紧张，时间长了会很累，不过这种姿势可以体现出你的沉稳大方。坐得太浅的话，又会使大腿的大部分露在椅子面之外，使腿显得又短又粗。另外，千万不要只坐在椅子的1/3处，这种坐姿会让人觉得你心情紧张、胆小怯懦。

(2)坐姿注意事项

坐在椅上，应至少坐满椅子的2/3，上身应正直而稍向前倾，头平正，两手交叠放在自己腿上，男性可双膝自然分开与肩同宽，女性则应双膝并拢。

以下四种情况是忌讳的：

第一，即使是很舒服的沙发，也不宜靠在椅背上(图4-1-9)。

第二，大腿并拢、小腿分太开也是不正确的坐姿(图4-1-10)。

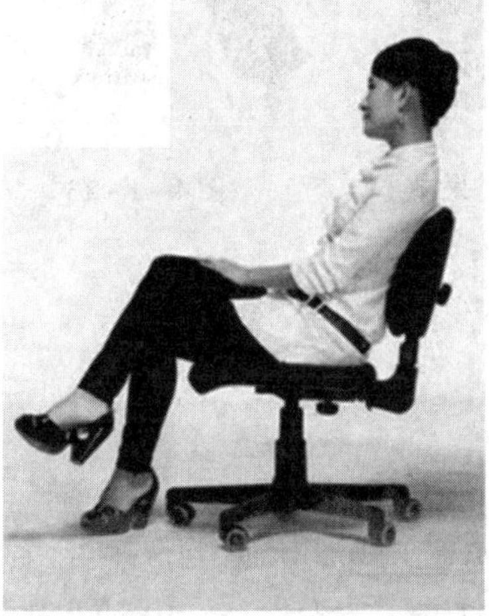

图4-1-9

图4-1-10

第三,双手夹在腿中间,会给人一种没有自信的感觉(图4－1－11)。

第四,双手放在臀部下面会显得幼稚、不自信,很难被上司派以重任(图4－1－12)。

图4－1－11

图4－1－12

3. 走姿

(1)走姿的动作要领

良好的走姿应当身体直立、收腹直腰、两眼平视前方,双臂放松在身体两侧自然摆动,脚尖微向外或向正前方伸出,跨步均匀,两脚之间相距约一只脚到一只半脚,步伐稳健,步履自然,要有节奏感。起步时,身体微向倾,身体重心落于前脚掌,行走中身体的重心要随着移动的脚步不断向前过渡,而不要让重心停留在后脚,并注意在前脚着地和后脚离地时伸直膝部。见图4－1－13。

图4－1－13

(2)不正确的走姿

①走路时身体前俯、后仰,或两个脚尖同时向里侧或外侧呈八字形走步,步子太大或太小,这都给人一种不雅观的感觉;

②走路时双手反背于背后,这会给人以傲慢、呆板之感;

③走路时身体乱晃乱摆,也会让人觉得轻佻,缺少教养。

三、沟通接待礼仪

1. 敲门礼仪

(1)敲门正确方法

敲门最正确的做法是身体保持正直略前倾,站于距门0.5米处,目光平视,右手手指自然弯曲,掌心朝向自己,用中指第二指节敲击门,先敲三下,等待5～10秒见对方回应,如对方无回应,应再敲门1~2次,待对方答应后方可入门拜访。

(2)敲门的注意事项

①敲门的响度要适中,敲得太轻了别人听不见,太响了不礼貌而且会引起主人反感。

②敲门时,绝对不能用拳捶、用脚踢,更不要"嘭嘭"乱敲一气,如果房间里面有人正在休息,会惊吓到他们。

③如果遇到门是虚掩着的,也应当先敲门。

小贴士

门开着,要不要敲门?

在办公室区域,入室敲门,获准方入,为的是尊重他人的领地。反之,不敲门者直接闯入,不但无礼而且非法,若破门而入,主人甚至可以开枪。

门开着,要不要敲门?仍然要。

敲门视作通报,门关不关不要紧,要紧的是入室须经主人同意。若不敲门,若不获准,如何知道主人方不方便、合不合适、尴不尴尬?敲门应轻,不可大大咧咧,轰然作响,或者十分急促——除非情况十分紧急。

若对方正在开会,或者对方走开了,不在办公室里,或者对方与人交谈,或者正在通话中,你都不应进入。可在门外等候,过一会儿再进去。若等候时间过长,可留下名片或便条,另行约定。必要时,还可事先电话约定。

有的人信心满满,却首次面试即惨遭淘汰;有的职员一直被认为"目中无人",不尊重领导,虽百思不得其解,其实可能就是这种失礼惹的祸。入室敲门为办公室百礼之首,得体的举止是通行无阻的护照。

礼貌不一定总是智慧,可是不礼貌总让人怀疑其愚蠢。

2. 电话礼仪

(1)接听电话礼仪

电话铃一响,应尽快去接,最好不要让铃声响3遍;拿起电话自报家门:您好。这里是××公司××部门;稍后,再询问:请问您是哪里?电话用语应文明礼貌,态度应热情、谦和、彬彬有礼;接电话时应作好记录,记录内容:时间、地点、联系事宜、需解决的问题;对话完毕后,应等对方放下话筒,再轻轻地放下电话,以示尊重。

(2)接听电话注意事项

①注意通话时间的选择。因公通电话,不要选择下班之后的时间,隐私通电话,则尽量不要占用对方的上班时间;若非特殊情况,不要在节假日、用餐时间和休息时间给对方打电话。半夜或清晨被电话吵醒,很容易引起对方的反感;打国际电话,首先要考虑对方国家的时差。

②注意通话时间的长度控制。在正常情况下,一次打电话的时间最好不要超过三分钟,这在国际上被称为"打电话的三分钟原则。"要求打电话的人有很强的时间观念,抓住

主题，言简意赅，在很短的时间内表达清楚自己的意思，切忌长时间占用电话，影响正常的通讯。如果谈话内容较多，应该先问对方有没有时间，方便不方便长时间与你进行谈话，如果对方没有时间，可以另约时间。

③注意通话中的态度表现。注意文明礼貌用语，态度热情诚恳。第一，打电话时要先道一声“你好”，主动通报自己的单位或姓名。开口就打听自己需要了解的事情，咄咄逼人的态度是令人反感的。礼貌地询问对方是否方便之后，再开始交谈。比如，“您好！我是××，我想占用您2分钟时间，提两个问题，可以吗？”第二，电话需转接，一定“请”字相求，并且应客气地道谢。由于某种原因，电话中断了，要由打电话的人重新拨打，并向对方说明，而不应该等着对方拨过来。通话过程中要精力集中，千万不能边吃东西边通话，也不要一边打电话，一边同旁人聊天，或者一边打电话，一边做其他的事，给对方心不在焉的感觉。第三，不要对着话筒发出咳嗽声或吐痰声。同时要姿势端正，不要趴着、仰着、斜靠着或者双腿高架着。打电话的时候，即使对方看不见，也要当做对方就在眼前，尽可能注意自己的姿势。第四，如打错电话，要向对方说“对不起”“打扰您了”等道歉的话，不可以一言不发，挂断电话了事。通话完毕，应说声“再见”或“谢谢”再把话筒轻轻放下。一般情况下，先挂断电话的应是发话人。

案例分析

陈小姐为什么被解雇了

新加坡利达公司销售部文员刘小姐要结婚了，为了不影响公司的工作，在征得上司的同意后，她请自己最好的朋友陈小姐暂时代理她的工作，时间为一个月。陈小姐大专刚毕业，比较单纯，刘小姐把工作交代给她，并鼓励她努力干，准备在蜜月回来后推荐陈小姐顶替自己。某一天，经理外出了，陈小姐正在公司打字，电话铃响了，陈小姐与来电者的对话如下：

来电者：“是××公司吗？”

陈小姐：“是。”

来电者：“你们经理在吗？”

陈小姐：“不在。”

来电者：“你们是生产塑胶手套的吗？”

陈小姐：“是。”

来电者：“你们的塑胶手套多少钱一打？”

陈小姐：“1.8美元。”

来电者：“1.6美元一打行不行？”

陈小姐：“不行的。”

说完，“啪！”挂上了电话。

上司回来后，陈小姐也没有把来电的事告知上司。过了一星期，上司提起他刚谈成一笔大生意，以1.4美元一打卖出了1 100万打。陈小姐脱口而出："啊呀，上星期有人问1.6美元一打，我说不行的。"上司当即脸色一变，说："你被解雇了"，陈小姐哭丧着脸说："为什么？"

陈小姐在电话礼仪方面犯了哪些错？

3. 乘车礼仪

商务乘车遵循一个原则就是把客人放在最安全的位置。商务乘车座次的安排根据车辆的不同座次显示不同的尊卑关系；也根据驾车人的不同座位显示不同的尊卑关系。

(1)基本礼仪

送上司、客人坐轿车外出办事，应首先为上司或客人打开右侧后门，并以手挡住车门上框，同时提醒上司或客人小心，等其坐好后再关门。如果你和你的上司同坐一辆车，座位由上司决定，待其坐定后，你再任意选个空位坐下，但注意不要去坐右排右席。抵达目的地后，陪同人员应首先下车，下车后，绕过去为上司或顾客打开车门。并以手挡住车门上框，协助上司或客户下车。

(2)乘坐小轿车礼仪

乘坐小轿车也简单分为以下两种情况：

第一种是公务接待活动。公务接待活动车辆是单位的，司机是专职司机。有司机驾驶时，后排右侧为首位，左侧次之，中间座位再次之，前坐右侧殿后，前排中间为末席。

第二种是社交活动。社交应酬时，这时车辆一般归属个人，开车的是车主。车主开车，以驾驶座右侧为首位，后排右侧次之，左侧再次之，而后排中间座为末席，前排中间座则不宜再安排客人。

案例分析

王先生乘车失误影响仕途

某公司的王先生年轻肯干，点子又多，很快引起了总经理的注意并拟提拔为营销部经理。为了慎重起见，决定再进行一次考查，恰巧总经理要去省城参加一个商品交易会，需要带两名助手，总经理一是选择了公关部杜经理，一是选择了王先生。王先生自然同样看重这次机会，也想寻机好好表现一下。

出发前，由于司机小王乘火车先行到省里安排一些事务，尚未回来，他们临时改为搭乘董事长驾驶的轿车一同前往。上车时，王先生很麻利地打开了前车门，坐在驾车的董事长旁边的位置上，董事长看了他一眼，但王先生并没有在意。

车上路后，董事长驾车很少说话，总经理好像也没有兴致，似在闭目养神。为活跃气氛，王先生寻一个话题："董事长驾车的技术不错，有机会也教教我们，如果都自己会开车，办事效率肯定会更高。"董事长专注地开车，不置可否，其他人均无应和，王先生感到没趣，便也不再说话。一路上，除董事长向总经理询问了几件事，总经理简单地回答后，车内再也无人说话。到达省城后，王先生悄悄问杜经理：董事长和总经理好像都有点不太高兴？杜经理告诉他原委，他才恍后大悟，"噢，原来如此。"

会后从省城返回，车子改由司机小王驾驶，杜经理由于还有些事要处理，需在省城多住一天，同车返回的还是四人。"这次不能再犯类似的错误了。"王先生想。于是，他打开前车门，请总经理上车，总理坚持要与董事长一起坐在后排，王先生诚恳地说："总经理您如果不坐前面，就是不肯原谅来的时候我的失礼之处。"并坚持让总经理坐在前排才肯上车。

回到公司，同事们知道王先生这次是同董事长、总经理一道出差，猜测着肯定提拔他，都纷纷向他祝贺，然而王先生被提拔之事却一直没有人提及。

请思考：王先生为什么没被提拔？

4. 乘坐电梯礼仪

(1)乘坐电梯基本礼仪

伴随客人来到电梯厅门前时：先按电梯呼梯按钮。轿厢到达厅门打开时：若客人不止一人时，可先行进入电梯，一手按开门按钮，另一手按住电梯侧门，礼貌地说请进，请客人们或长辈们进入电梯轿厢。

进入电梯后：按下客人或长辈要去的楼层按钮。若电梯行进间有其它人员进入，可主动询问要去几楼，帮忙按下。电梯内可视状况是否寒喧，例如：没有其它人员时可略做寒喧，有外人或其它同事在时，可斟酌是否有必要寒喧。电梯内尽量侧身面对客人。

到达目的楼层：一手按住开门按钮，另一手并做出请出的动作，可说："到了，您先请！"。客人走出电梯后，自己立刻步出电梯，并热诚地引导行进的方向。

(2)电梯中的位置礼仪

电梯里中有上座和下座之分。所谓上座，就是最舒适、视野最好、最尊贵的位置。越靠里面的位置，越尊贵。上座是电梯操作板之后最靠后的位置，下座就是最靠近操作板的位置了，因为这个人要按楼层的按钮，相当于司机。

拓展提高

拜访客户礼仪

有计划且自然地接近客户，使客户觉得有益处，从而顺利地进行商洽，这是销售人员必须事前努力准备的工作与策略。首次拜访客户一定不可千篇一律公式化，事先要有充分准备，要注重细节和技巧，从而使销售工作水到渠成。

1. 拜访客户的三个要点

(1)重要的拜访应约定时间

在拜访客户过程中,为了达到成交的目的,往往需要与客户进行三番五次的沟通。在这一过程中,如果有重要的事情需要与客户沟通,一定要事先约好时间。只有这样,才能保证拜访计划的顺利进行。

(2)节省客户的时间

每个人的时间都是一笔宝贵的资源,对于你的客户来讲,他们很多是企业或机关的领导人,他们的时间更为宝贵,在拜访过程中一定要节约他们的时间。一般情况下,问候他们的电话不超过1分钟,约访电话最多不能超过3分钟,产品介绍或服务介绍电话不要超过5分钟。如果与重要的客户谈判,建立客户关系的电话通常不要超过15分钟,否则就不再适合电话拜访了。

(3)把时间花在决策人身上

拜访客户的目的是为了与客户达成有效的协议,而达成协议的决定权一般掌握在决策人手中。这些决策人对企业单位而言主要是指公司的负责人、董事长、总经理、厂长等,对于机关事业单位而言主要是党委书记、厅长、局长、处长、主任等。在这方面,至少你要找到相关的项目负责人,谁有决定权就在谁身上多花些时间。当然,也不排除其他人员的辅助作用,但主要精力还是要放在决策人身上,这样拜访的效率才会大大提高。

2. 容易忽略的五个细节

除产品外,销售人员在拜访客户中的一些细节处理,对销售的成功率也有重要影响。

(1)只比客户着装好一点

专家说:最好的着装方案是"客户+1",只比客户穿得好"一点"。既能体现对客户的尊重,又不会拉开双方的距离。着装与被访对象反差太大反而会使对方不自在,无形中拉开了双方的距离。如建材销售人员经常要拜访设计师和总包施工管理人员,前者当然要衬衫领带以表现你的专业形象;后者若同样着装则有些不妥,因为施工工地环境所限,工作人员不可能讲究着装。如果你穿太好的衣服跑工地,不要说与客户交谈,可能连坐的地方都难找。

(2)与客户交谈中不接电话

电话多是销售人员的特点,与客户交谈中没有电话不太现实。不过,我们的大部分销售人员都很懂礼貌,在接电话前会形式上请对方允许,一般来说对方也会很大度地说没问题。但我告诉你,对方会在心底里泛起:"好像电话里的人比我更重要,为什么他会讲那么久。"所以,销售人员在初次拜访或重要的拜访时,决不接电话。如打电话的是重要人物,也要接通简单寒暄几句后迅速挂断,等会谈结束后再打过去。

(3)把"我"换成"咱们"或"我们"

销售人员在说"我们"时会给对方一种心理的暗示:销售人员和客户是在一起的,是站在客户的角度想问题。虽然只比"我"多了一个字,但却多了几分亲近。北方的销售人员在南方工作就有些优势，北方人喜欢说“咱们”，南方人习惯说“我们”。

(4)随身携带记事本

拜访中随手记下时间地点和客户的姓名头衔，记下客户需求、答应客户要办的事情、下次拜访的时间，也包括自己的工作总结和体会，对销售人员来说，这绝对是一个好的工作习惯。还有一个好处就是当你认真地一边做笔记一边听客户说话时，除了能鼓励客户更多说出他的需求外，一种受到尊重的感觉也在客户心中油然而生，你接下来的销售工作就顺利多了。

(5)保持相同的谈话方式

这一点年轻的销售新手要特别注意，你们思路敏捷、口若悬河，说话不分对象，碰到上年纪的客户，他们思路可能会跟不上，根本不知道你在说什么，容易引起客户反感。王天雷公司有一位擅长项目销售的销售人员，此人既不是能说会道，销售技术方面也未见有多少高招，但他与工程中的监理很有缘。监理一般都是60岁左右将要退休的老工程师，而他对老年人心理很有研究，每次与监理慢条斯理谈完后必有所得。最后，老工程师们都成为该产品在这个工程中被采用的坚定支持者。

思考练习

一、填空题

1. 如张医生、李律师、王教授是以________为特征的称呼。
2. 介绍主要分为________和为________两种。
3. 初次见面时，时间一般控制在________秒钟内。
4. 在和女士握手时，________要等________先伸手之后再握。
5. 自己递名片时，首先起身站立，走上前去，双手或者右手将名片________面对对方，高度要保持适中，要保持在腰部以上胸部以下的位置名片正面朝对方。

二、判断题

1. 交换名片的顺序一般是“先客后主，先低后高”。当与多人交换名片时，应依照职位高低的顺序，或是由近及远依次进行，切勿跳跃式进行，以免给对方有厚此薄彼之感。(　　)
2. 双脚八字步，两手放在身体两侧，手的中指贴于裤缝。这种站姿适用于升旗仪式等庄肃的场合。这是女士前腹式站姿动作要领。(　　)
3. 坐在椅上，应至少坐满椅子的1/3，上身应正直而稍向前倾，头平正，两手交叠放在自己腿上，男性可双膝自然分开与肩同宽，女性则应双膝并拢。(　　)
4. 电话铃一响，应尽快去接，最好不要让铃声响2遍。(　　)
5. 需要提前邀请国内外人士前来参加活动，时间上至少也要提早半年就发出邀请，同时寄送相关的说明资料。(　　)

三、简答题

1. 如何交换名片?
2. 如何握手?

学习任务2 会展特殊场合接待礼仪

任务概述

会展活动中的特殊场合有很多,在本项目中我们重点学习开幕式、新闻发布会、宴会、涉外场合中的接待礼仪。知道理解如何在展会活动开幕式、新闻发布会、宴会、涉外场合进行接待礼仪。

任务目标

- 能够理解会展活动开幕式礼仪
- 能够熟悉会展活动新闻发布会礼仪
- 能够熟悉会展活动中的宴会礼仪
- 能够熟悉会展活动中的涉外礼仪

学习内容

一、开幕式礼仪

1. 开幕式程序及礼仪规范

(1)接待宾客

接待人员要在会场入口接待到会的来宾,并请他们签到。同时发放印有活动主题内容的手册须知。然后引领他们到贵宾厅休息,相互认识。如果是大型的庆典活动还需设有专门的新闻中心,由专人接待记者。

(2)开幕式开始

基本上是由主办单位负责人主持典礼,并介绍重要的嘉宾名单。宣读的顺序一般为:先宣读出席的重要领导名单,再宣读知名到场人士名单,最后是致贺电、贺函的单位和个人。

(3)致贺词和答词

贺词一般都由领导人或者知名人士宣读。答词一般由举办单位的重要负责人宣读。致词和答词要简洁和热情。

(4)开幕式结束

庆典仪式结束后,可组织公众参观,也可举办文艺汇演或者宴请。

案例分析

中国(长安)国际饰品及加工机械展览会开幕式礼仪程序

一、开幕式基本概况

主题:中国(长安)国际饰品及加工机械展览会开幕

时间:2009年4月26日

地点:广东省东莞长安镇众源城中国饰品交易中心

二、开幕式礼仪程序:

07:30　活动现场最后清洁,各项布置落实到位,确保活动按时进行。

08:00　活动组各主要联络人通话,落实各项工作。

08:30　所有工作人员落实到位,准备迎宾(音响师调试音响,礼仪小姐更换服装)。

09:00　播放迎宾曲,礼仪小姐为各来宾佩带胸花,签到正式迎宾。

09:30　主持人宣布中国饰品交易中心展会开幕庆典仪式现在开始!(锣鼓配合……)

09:30　主持人依次介绍出席今天仪式的贵宾领导及重要祝贺单位并对他们的到来表示热烈的欢迎和由衷的感谢……(锣鼓配合)

09:35　有请中国饰品交易中心董事长(先生/女士)致欢迎词……(锣鼓配合)

09:40　有请政府领导(先生/女士)致贺辞……(锣鼓配合)

09:45　有请商户代表(先生/女士)致辞……(锣鼓配合)

09:50　主持人有请特邀嘉宾(先生/女士)致词。

10:55　主持人有请政府领导,中国饰品交易中心展会总经理与特邀嘉宾为醒狮点睛。

11:00　有请现场来宾欣赏精彩的醒狮表演。

11:10　主持人请出为中国饰品交易中心展会开幕剪彩的嘉宾由礼仪小姐引导到主席台位置。

11:15　主持人宣布中国饰品交易中心展会开幕剪彩仪式开始,礼花从天而降,掌声、锣鼓声响起各剪彩嘉宾执剪刀剪彩把此次活动推向高潮。

11:20　主持人宣布中国饰品交易中心展会开幕剪彩仪式圆满结束,有请来宾进入中国饰品交易中心参观。

12:00　来宾午宴。

请问:此次展会开幕式是如何进行的?

2. 开幕式礼仪注意事项

(1)及早筹划以及确定举办的活动。需要提前邀请国内外人士前来参加活动,时间上至少也要提早半年就发出邀请,同时寄送相关的说明资料。

(2)如果这个展会是由多个机构一起来举办的,那么要事先明确部门每个人的职责分工,以免到时候出现混乱,让嘉宾无所适从。

(3)确定开幕式时间的时候应该充分地考虑当地的交通、气候等因素,一般的情况下,开幕式尽量按原定时间举行,避免拖延的时间过长。

(4)展会开幕式主持人应该要以适当的方式介绍自己的身份,请礼仪小姐担任主持人的除外。

(5)展会开幕式宣布出席活动的领导人名一般不宜过多。在介绍出席某活动的领导、贵宾的时候,不应该包括主办单位的领导人,而应该是外邀的宾客、外邀的单位领导人。而在先后顺序排位上,一般情况下都是各主办单位领导排在宾客的后面,如果主办单位领导是国家领导人的话,那么就要先报,如果有外国驻华大使参加的话,那么应更加提前报。

(6)展会的开幕式剪彩活动能免就免,剪彩人不宜多。节约起见,用彩带。

(7)在展会开幕式的开场称呼中,可以称“女士们、先生们”,或者是“贵宾们、女士们、先生们”,那么后面就不用加“朋友们、同志们”。

(8)在使用现场翻译的时候,要控制好整个展会的场面,使讲话的人和翻译员能够相互配合。鼓掌的时候,也应该在中文讲完,翻译员翻译完在鼓掌,以示对外宾的尊重。

案例分析

俄罗斯索契冬奥会开幕式遭吐槽

2014年(第二十二届)俄罗斯索契冬奥会在菲施特奥林匹克体育场隆重开幕,本次开幕式可谓高科技元素不断,电子显示屏在内的多元运用备受外媒称赞,但是在“传统仪式的关键时刻”出现的意外——奥运五环变成四环的一幕还是被包括华盛顿时报、福克斯体育和今日美国在内的多家外媒集体吐槽,直言这是开幕式的败笔,甚至表示结合此前的种种失误,开幕式出现这样的意外也并不令人惊讶。

开幕式现场虽然异彩纷呈,但也出现了一些意外。倒计时阶段,进入到5秒的时候,倒计时屏忽然没有继续显示,导致人们并没有看到“4”、“3”、“2”、“1”的倒计时字样。随后的演员表演阶段,体育场半空出现了5朵巨大的雪绒花,随后绽放变成奥运五环,此时出现了一个令人惊讶的意外,其中一朵雪绒花并未绽放,奥运五环变成了“四环”。随后索契冬奥会官网也就这令人目瞪口呆的一幕发表声明承认失误,他们表示出现这样的问题并非事先故意设计,而是在临场出现意外。

请问:俄罗斯索契冬奥会在开幕式中出现什么失误?应该如何避免这种失误?

二、新闻发布会礼仪

1. 新闻发布会筹备规范

(1)场地布置

场地外围布置要注意礼仪细节,例如在场地外悬挂横幅或拱形门;在场地内新闻发布会厅室外要设签到台;在厅内外放置事先准备好的易拉宝宣传资料等。在新闻发布会厅内要进行背景布置,主题背景板,内容含新闻发布会主题、日期,有的会写上召开城市,颜色、字体注意美观大方。

新闻发布会现场室内温度、灯光要适度。在厅中央设主席台,主席台对面布置好座椅,座椅数量根据出席记者人数而定。

(2)准备好相关材料

认真准备好新闻发布会所需的各种资料,如会议所需的文字、图片,主持人的发言稿,发言人答记者问的备忘提纲,新闻统发稿以及其他背景材料、照片、录音、录像等等,以便开会前分发给记者,供他们提问、撰写新闻稿时参考。

(3)选择合适的发言人

新闻发布会的主持人、发言人的选择是否得当,直接关系到发布会的成败。新闻发布会的主持人大都由主办单位的公关部长、办公室主任或秘书长担任。主持人应该仪表堂堂、反应灵敏、语言流畅、善于把握大局、长于引导提问、对主持会议具有丰富经验。而发言人则通常由本单位的领导人担任。因为领导人对本单位的方针、政策及各方面情况比较了解,由他们回答记者提问更具有权威性。除此以外,发言人还要在社会上口碑较好、与新闻界关系较为融洽,还应当有良好的修养、渊博的学识、敏捷的思维、较强的记忆并且善解人意、能言善辩等。

2. 新闻发布会现场礼仪规范

(1)搞好会议签到。要搞好发布会的签到工作,让记者和来宾在事先准备好的签到簿上签下自己的姓名、单位、联系方式等内容。记者及来宾签到后按事先的安排把与会者引到会场就座。

(2)严格遵守程序。要严格遵守会议程序,主持人要充分发挥主持者和组织者的作用,宣布会议的主要内容、提问范围以及会议进行的时间,一般不要超过两小时。主持人、发言人讲话时间不宜过长,否则会影响记者提问,对记者所提的问题应逐一予以回答,不可与记者发生冲突。会议主持人要始终把握会议主题,维护好会场秩序,主持人和发言人会前不要单独会见记者或提供任何信息。

(3)发言人与主持人相互配合。在发布会上,主持人和发言人要相互配合。为此首先要明确分工,各司其职,不允许越俎代庖。在发布会进行期间,主持人和发言人通常要保持一致的口径,不允许公开顶牛、相互拆台。当新闻记者提出的某些问题过于尖锐或难于回答时,主持人要想方设法转移话题,不使发言者难堪。而当主持人邀请某位记者提问之后,发言人一般要给予对方适当的回答,不然,对那位新闻记者和主持人都是不礼貌的。

(4)态度真诚主动。发布会自始至终都要注意对待记者的态度,因为接待记者的质量如何直接关系到新闻媒介发布消息的成败。作为专业人士,记者希望接待人员对其尊重、热情,并了解其所在的新闻媒介及其作品等;希望提供工作之便,如一条有发表价值的消息,一个有利于拍到照片的角度等,记者的合理要求要尽量满足。

在回答记者提问时要准确、自如,不要随便打断记者的提问;对于不愿透露或不好回答的事情,不应吞吞吐吐,要婉转、幽默地向记者做出解释;遇到不友好的提问,应该保持冷静,礼貌地阐明自己的看法。不能激动或发怒,以免引出负面报道。

案例分析

周总理答记者问

西方记者有一次问周总理:“请问,中国人民银行有多少资金?”这问话实质是讥笑中国贫穷。总理回答说:“中国人民银行的货币资金嘛,有十八元八角八分。”全体记者为之愕然,总理接着解释:“中国人民银行发行面额为十元、五元、二元、一元、五角、二角、一角、五分、二分、一分的人民币,合计十八元八角八分。”总理采用有意一转,不回答对方所指的“资金”,而是人民币的面额,这既保守了国家机密,又解答了问题。

读完你得到了什么启示?

3. 新闻发布会后礼仪规范

新闻发布会结束后,主办人员要向参加者一一道别,并感谢他们的光临。如有必要还可以向参加者赠送一些小礼品。个别记者有特殊问题时,有关人员还应耐心地予以答复。新闻发布会后,主办单位还应整理保存相关资料,并及时收集与会记者做出的报道,检查是否达到了举办新闻发布会的目的,如有不利于本单位的报道,要采取适当方式予以更正说明。

三、宴会礼仪

1. 宴会

宴请是商务活动和国际交往活动中不可缺少的重要组成部分。宴请活动是必须的、常规的,又因活动内容、活动对象的不同而具有特殊性和复杂性。商务人员通过宴请的举办能够协调各种业务关系,增进各界朋友的友谊,加强赴宴各方的感情联络,从而促进商务活动良好的发展。

宴请的举办一般有宴会、招待会、茶会、工作餐等四种基本形式。宴会一般是指较为隆重的正餐,早中晚均可举办,其中以晚宴最为隆重;招待会一般是指只有部分的食品和饮料而不备正餐,不需要安排座次的一种比较放松、自由的宴会形式;茶会是一种更为简便的宴请形式,主要以咖啡或茶招待客人,略备点心和风味小吃;工作进餐是现代商务活动经常采用的一种非正式宴请的形式,在进餐过程中,大家可以边吃边谈、不必过分拘束。对于规格较高、内容较为正式的活动,一般应选择正式宴会形式。

2. 宴会基本礼仪

(1)请帖发放

请帖发放时间一般是提前一周左右。请帖发放要注意以下事宜:确定名单时勿有所遗漏;不要邀请正在闹纠纷的人同时参加;男女客人大致相等或男士多一些。

客人接到请帖,及时告知对方能否按时出席,最好在宴会开始前10分钟之内到达。

(2)仪表仪容

出席宴会要注意仪容和仪表穿戴,一般要求穿正式服装,整洁大方,男士要剃面,女士要化妆;头发梳理整齐。

(3)座次

一般主人上座,但是遇见主宾身份高于主人,也可表示尊重,把主人和主宾位置对调。主人或者长者主动安排众人入座;来宾在长者或女士坐定后,方可入座;入座时,男士为身边(尤其是右边)的女士拉开座椅并协助其入座。

(4)体态

入座后姿势端正,脚踏在本人座位下,不跷腿,不抖动腿脚,也不可任意伸直;胳膊肘不放在桌面上,也不要向两边伸展而影响他人。

(5)交流

宴请是一种社交场合,在餐桌上要关心别人,尤其要招呼两侧的女宾;口内有食物,应避免说话也不要敬酒;宴会上应营造和谐温馨的氛围,避免涉及死亡、疾病等影响用餐气氛的话题。

(6)布菜

主人可为身边的客人布菜。布菜应使用公勺或公筷。布菜时要照顾到客人的饮食偏好,如果客人不喜欢或者已经吃饱,不再为客人夹送。

(7)敬酒

主人先为主宾斟酒,若有长辈或者贵客在座,主人也应先为他们斟酒。主人为客人倒酒时,客人以手扶杯表示恭敬和致谢。首次敬酒由主人提议,客人不宜抢先;敬酒以礼到为止,各自随意,不应劝酒。

(8)散席

一般由主人表示结束宴会,主人、主宾离座后,其他宾客方可离开。

小贴士

西餐礼仪

1. 西餐进餐礼仪

国际商务活动中,在参加正式的西餐宴会时,最重要的是要求用餐者严格约束个人举止,力求使之高雅动人。就座时,身体要端正,手肘不要放在桌面上,不要翘腿,和餐桌的距离以便于使用餐具为佳。餐台上摆好的餐具不要随意摆弄。不要将餐巾别在领口上、皮带上或夹在衬衣的领口。用餐的时候,头要保持一定高度,不能太低,不能过多地移动点头。

其次是,在吃西餐时,特别是赴宴时,西方人非常讲究个人的穿着打扮。若不谙此道,或明知故犯,即会被人轻视,也会失礼于人。

再次,尊重妇女是西餐礼仪的一大特点。当女主人拿起餐巾时,表示开始用餐,把餐巾铺在双腿上,如果餐巾很大就对折放腿上,盖住膝盖以上的双腿部分。在正规的晚餐,要等女宾放好餐巾后,男士再放餐巾,最好用双手打开餐巾,切忌来回抖动地打开餐巾。

2. 餐具使用礼仪

在正规的西餐宴会上,用餐者面前餐桌上的刀叉主要有:吃黄油用的餐刀、吃鱼用的刀叉、吃肉用的刀叉、吃甜品用的刀叉。吃黄油所用的餐刀,是横放在用餐者左手的正前方;吃鱼所用的刀叉和吃肉所用的刀叉,应当餐刀在右,餐叉在左,分别纵向摆放在用餐者面前的餐盘两侧;而吃甜品所用的刀叉,应最后使用。它们一般被横放在用餐者面前的餐盘的正前方。

使用刀叉,一般有两种常规方法可供借鉴。一是英国式。它要求在进餐时,始终右手拿刀,左手持叉,一边切割,一边叉而食之。二是美国式。它的具体做法是,先是右刀左叉,一口气将餐盘里要吃的东西全部都切割好,然后把右手里的餐刀斜放在餐盘前方,将左手中的餐叉换到右手里,然后再吃。

使用刀叉,可以向侍者暗示用餐者是否吃好了某一道菜。如与某人攀谈时,将刀右叉左,刀口向内,叉齿向下,呈“八”字状摆放在餐盘之上,它的含义是此菜尚未用完。如果吃完了,或不想再吃了,则可以刀口内向,叉齿向上,刀右叉左并排纵放在餐盘里,这种做法等于告诉侍者,请他连刀叉带餐盘一块收掉。

四、涉外礼仪

涉外礼仪,是涉外交际礼仪的简称。即,中国人在对外交际中,用以维护自身形象、对外交往对象表示尊敬与友好的约定俗成的习惯做法。

1. 涉外礼仪的原则

(1)维护国家利益原则

在参与涉外交往活动时,应时刻意识到在外国人眼里,自己是国家、民族、单位组织的代表,做到不卑不亢。自己的言行应当端庄得体,堂堂正正。在外国人面前,既不应该表现得畏惧自卑、低三下四,也不应该表现得自大狂傲、放肆嚣张。应表现得既谨慎又不拘谨,既主动又不盲动,既注意慎独自律又不是手足无措、无所事事。

(2)信守约定原则

在国际交往活动中,人们将尊重对方,即对交往对象的重视、恭敬、友好,作为涉外礼仪的核心。在一切涉外交往中,都必须认真而严格地遵守自己的所有承诺,说话务必要算数,许诺一定要兑现。

案例分析

不遵守约定的人永远不值得信赖

国内某家企业前往日本寻找合作伙伴。到了日本之后,通过多方的努力,这家企业终于寻觅到了自己的“意中人”。到了正式草签中日双方合作协议的那一天,由于种种原因,中方人员阴差阳错,抵达签字地点的时间比双方预定的正式约定晚了一刻钟。当他们气喘吁吁地跑进签字厅时,但见日方人员早已衣冠楚楚地排列成一行,正在恭候他们的到来。不过,在中方人员跑进来之后,还没容他们作出任何有关自己迟到的原因的解释,日方的全体人员已整整齐齐、规规矩矩地向他们鞠了一个大躬,随后便集体退出了签字厅。也就是说,因为中方人员在签字仪式举行时所迟到的一刻钟,双方的合作竟然搁浅了。事过之后,日方为此所作的解释是:“我们绝不会为自己寻找一个没有任何时间观念的生意伙伴。不遵守约定的人,永远都是不值得信赖的。”

请分析:为何日方企业不和中方企业合作了?

(3)尊重隐私原则

对于西方人来讲,凡涉及经历、收入、年龄、婚恋、健康状况、政治见解等均属个人隐私,别人不应查问,即在交往中“有所不为”。在交往中不能随意询问对方的收入是多少,也不能随意询问女士的年龄。

案例分析

为何不欢而散

刚参加工作不久的孙燕女士被派到欧洲某国洽谈业务。一抵达目的地,她就受到东道主接待小姐的热情欢迎。由于从机场到孙女士所住的酒店有一段距离,于是双方就坐在车上聊起来。在交谈之中,孙女士有点没话找话地询问对方:“你今年多大岁数呢?”不料人家所答非所问地予以搪塞:“你猜猜看。”孙女士觉得没趣,转而又问:“你一定结婚了吧?”这一回,那位接待小姐的反应更令孙女士出乎意料,对方居然转过头去,不再说话了。一直到酒店,她们两个人再也没有说上一句话。

请思考:孙女士与接待人员为何不欢而散?

(4)女士优先原则

在男女都在的社交场合中,男士要照顾、礼让女士,遵循“尊重妇女、女士优先”原则。它要求在一切社交场合(有些公务场合除外),成年男子都有义务主动自觉地以自己的实际行为去尊重妇女,照顾妇女,体谅妇女,关心妇女,保护妇女,并尽心竭力地去为妇女排忧解难。

(5)不卑不亢原则

涉外交往是面向全球的跨文化活动,是一种双向互动交流活动。中国传统文化形成的热情好客、宾至如归以及谦逊等美德,在国际交往待人接物中必须有所适“度”。所以,在涉外礼仪中遵循热情有度、不必过谦原则尤为必要。

(6)入乡随俗原则

在涉外交往中,要真正做到尊重交往对象,就必须了解和尊重对方所独有的风俗习惯。做不到这一点,对于交往对象的尊重、友好和敬意,便无从谈起。这就要求,首先必须充分地了解与交往对象相关的习俗,即在衣食住行、言谈举止、待人接物等方面所特有的讲究与禁忌。其次必须充分尊重交往对象所特有的种种习俗,既不能少见多怪,妄加非议,也不能以我为尊,我行我素。例如非洲管理人员非常重视衣着,工作是要穿西装,国内人若不注重礼仪,很容易导致非洲人对我们的歧视。

案例分析

我们到底做错了什么?

90年代初期,一个外国代表团到江南一座风景秀美的小城参观访问,为了表达我方的敬意与友好,我方准备了丰盛的晚宴。晚宴上宾主谈笑风生,当客人称赞中国的美味佳肴时,我方陪同人员却说:“我们只简单地备了几个菜,不成敬意”。当翻译译完这句话后,客人们面面相觑,不明其意,大惑不解。

第二天,安排代表团游历当地的风景区,宾客们的兴致颇浓,他们拒绝乘座我方特意预备的专车,坚持徒步而行。尤其是一位担任副团长的女士,尽管白发苍苍,依然健步如飞,背不驼,气不喘,让年轻人也好生佩服。当时在场陪同的我方一位副市长,见到这番情景,便由衷地对那位女士说:“夫人,您的身体真好,真是老当益壮啊!您老人家今年高寿多少?”在这位副市长讲话之初,那位女士还是笑容可掬地聆听着,可是在译员翻译完毕后,对方竟勃然变色,拂袖而去。

请思考:上述案例中接待方违背了涉外礼仪中的哪些原则?

2. 外事接待流程及礼仪

(1)接待准备

为圆满完成接待任务,首先需要专门接待小组,全面负责接待事宜。接待工作首先应了解来访者的基本情况，弄清代表团的国别、名称、成员名单、来访目的等内容。如需要根据客人要求预定宾馆或返程机票，还应索取来宾护照的复印(传真)件。

其次，制定一份周密的(中外文)书面接待活动日程安排(表)，包括迎送、会见、会谈、签字仪式、宴请、参观游览、交通工具、餐寝时间、陪同人员等详细内容。日程安排应尽量事先征询来宾意见，还要考虑来宾的风俗习惯和宗教信仰。日程安排印制妥当后，要在来宾抵达后及时发放，做到人手一份。

(2)迎接客人

迎宾时，外宾下飞机(车、船)后，礼宾人员应主动将迎宾人员姓名、职务一一介绍给来宾，迎宾人员随即与来宾握手表示欢迎。如遇外宾主动与我方人员拥抱时，可做相应表示，不要退却或勉强拥抱。如需献花，应安排在迎宾的主要领导人与客人握手之后进行。所献鲜花忌用菊花、杜鹃花、石竹花或黄色花朵。

乘车时，应先请客人从右侧上车，陪同主人再从左侧上车。待外宾与陪同人员全部上车后，再驱车去宾馆。途中，陪同人员应择机将有利于对外宣传的事物，如沿途所见的欢迎标语、人文景观等向外宾介绍。

(3)接待客人

若是双方会见，则接见一方的安排人，应主动将会见时间、地点、主方出席人、其它具体安排及有关注意事项通知对方。如有合影，还要事先编好合影图，一般主人居中，按礼宾顺序，主人右手为上，主客双方间隔排列，两端均由主方人员把边。会见前，主人应在门口迎候客人，可以在大楼正门迎候，也可以在会客厅迎候。如果主人不到楼门口迎候，则应由工作人员在大楼门口迎接，引入会客厅。会见结束，主人应送客人至车前或在门口握别，目送客人离去。

若是双方会谈，则会谈通常用长方形、椭圆形或圆形桌子，宾主按各人名牌所示相对而坐以正门为准，主人占背面一侧，外宾面向正门。主谈人座位居中。

(4)其他礼仪服务

在客人完成会谈或会见后，随后安排餐饮与其他活动。餐饮安排既要符合客人口味又能突出地域特色。就餐后，根据客人行程可安排参观游览活动。

(5)送别礼仪

提前为涉外人员定好返程机票，并送至机场，对客人表示感谢。

小贴士

国旗悬挂礼仪

国旗是国家的象征，是民族的尊严。涉外活动中，我们往往通过悬挂国旗表示对本国的热爱和对他国的尊重。国际交往中，一个主权国家内悬挂他国国旗有着一些公认的通行惯例。

悬挂双方国旗，以右为上，左为下。两国国旗并挂，以正面为准，右挂客方国旗，左挂本国国旗；汽车上挂旗，驾驶员左手为主方，右手为客方。双方对座会谈时，主客双方分别在各自主谈人桌上用旗架悬挂本国国旗。国旗不能倒挂，也不能反挂。

拓展提高

出境旅游需要注意个人礼仪

经济的发展促进了各国友好贸易往来的同时，也增进了各国之间的友好往来。近年来，不仅到访中国的外国人与日俱增，我国出国旅游的人也是络绎不绝，且不断有增长趋势。在国外旅游时，一定要注意个人礼仪，不要因为礼仪上的缺失影响了外国人对中国人的看法和评价。

出境旅游个人礼仪

大家都知道，个人行为虽说不能代表整体，但身在外，作为对他国的陌生来客身份来说，他人往往会把你作为一个整体的代表来看。我们都不会希望在外国旅游时听到有关对中国不好的评价，那么这就需要我们每个出国的人共同维护，从个人礼仪做起，维护和树立对外的良好形象，得到世界的肯定和欢迎。

一位经常带团出国的导游说，中国游客在礼仪上虽然比过去好很多，但一些细节上的问题依然存在。在公共场合大声喧哗是一个最大的问题，国外很多户外的公共场所，虽然每天游人如织，但大家都保持着相对较低的语音语调，以免破坏周围的氛围。那么出国旅游究竟要注意哪些个人礼仪呢？

出国前的准备工作

调查目的国的历史渊源、文化背景、宗教习俗。如果是商务旅行，还需要调查这个公司的历史背景、公司结构，以及要会谈的人在公司里的角色、地位。

学习简单的语言交流。

准备行李清单，商务旅游的话，最好带一些本地的特产，作为送给对方的礼物。

带好各种证件。

在机场和车站等候的礼仪

候机厅的座位不是用来放大衣和行李的，而是留给其他旅客坐的。

对服务人员要有感激和欣赏的态度。

走廊等公共空间尽量保持顺畅，不要堆放行李或让小孩在那里乱跑。

乘坐飞机的礼仪

出境旅游一般会坐飞机,而飞机上也一定要表现出良好的修养和礼仪。上机时不得违规携带有碍飞行安全的物品。通常规定:任何乘客均不得携带枪支、弹药、刀具以及其他武器,不得携带一切易燃、易爆、剧毒、放射性物质等危险物品。

登机时应当认真配合例行的安全检查。在进行安全检查时,每位乘客都要通过安全门,而其随身携带的行李则需要通过监测器。如有必要,对乘客或行李使用探测仪进行检查,或手工检查。不应当拒绝合作,或无端进行指责。

准时登机,依次入座。上下飞机时,要注意依次而行。

飞机飞行时务必遵守有关安全乘机的各项规定。

需要找乘务员时,可以按呼叫铃,不宜大声喊叫。接收乘务员服务应致谢。上下飞机时,对空中乘务员的迎送问候应有所回应。

在机上放置自己随身携带的行李时,与其他乘客要互谅互让。飞机未停稳时不抢先打开行李舱取行李,以免行李摔落伤人。

在自己的座位上就座时,要维护自尊。不要当众脱衣、脱鞋,尤其是不要把腿、脚乱伸放。如果是长途飞行,脱下鞋后应在外贸再罩上护袜。

当自己休息时,不要使身体触及他人,或是将座椅调得过低,从而有碍于人。

与他人交谈时,不要影响他人休息,不要谈论令人不安的话题。

保持舱内整洁卫生,因晕机呕吐时,应使用机上专用呕吐袋。

机上读物阅后整齐放入面前插袋。

不乱动飞机上的安全用品及设施。飞机上的救生衣是飞机遇险,在海上迫降时供乘客逃生使用的,切勿随意打开或带下飞机。

入住酒店的礼仪

在国外旅行,住宿的安排是最重要的,和酒店服务人员的接触也是最多的,入住酒店需要注意的礼仪包括:

除了前台之外,停车场的服务人员、提行李、收拾房间、送餐的服务生都需要给小费。

要尊重服务人员,常常口头表述你的感激和称赞。

旅馆通常晚上 10 点后进入休息时间,要保持安静。

遵守酒店里的规定。

出境旅游给小费的礼仪

在国外旅行,随时随地都会遇到支付小费的问题。因各国、各地区收小费的比例不一,差距较大。初到一地,应事先向有经验的人了解有关情况,并与同行者研究一下付小费的合理办法,应以“入乡随俗”的态度认真对待,以免带来不好的影响。

一般情况来说小费礼仪需要注意“五要”:要尊重对方;要悄悄给对方;要掌握给小费时机;要按质付费;要注意区别不同地方的付费方式。

国外收小费的行业主要有:第一,酒店,门童、行李员、送餐员、客房服务员;第二,餐厅,领位员、侍者、乐手、卫生间保洁员;第三,美容美发,美容师、发型师、泊车者;第四,出租车司机;第五,影剧院,衣帽厅侍者、节目单发放者、剧场领位员;第六,旅游观光,导游员、驾驶员。除了以上六类行业,还有其他一些行业流行付小费。

除了以上这些常识性的出境旅游个人礼仪,出国到某一国家,当地的民俗风情和生活习惯乃至各种禁忌,也是出国旅游前必须了解的。文化差异形成礼仪习惯不同,往往会闹笑话甚至引发矛盾。

思考练习

一、填空题

1. 在参与涉外交往活动时,应时刻意识到在外国人眼里,自己是国家、民族、单位组织的代表,做到不卑不亢。这体现了________原则。
2. 客人接到请帖,及时告知对方是否能按时出席,最好在宴会开始前________分钟之内到达。
3. 宴会一般是指较为隆重的正餐,早中晚均可举办,其中以________最为隆重。
4. 新闻发布会的________的选择是否得当,直接关系到发布会的成败,大都由主办单位的公关部长、办公室主任或秘书长担任。
5. 需要提前邀请国内外人士前来参加活动,时间上至少也要提早________时间就发出邀请,同时寄送相关的说明资料。

二、判断题

1. 开幕式介绍重要的嘉宾名单,宣读的顺序一般为:先宣读出席的重要领导名单,在宣读知名到场人士名单,最后是致贺电、贺函的单位和个人。(　　)
2. 确定开幕式的时间的时候就应该充分地考虑当地的交通、气候等因素,一般的情况下,开幕式尽量按原定时间举行,避免拖延的时间过长。(　　)
3. 新闻发布会现场室内温度、灯光要适度。在厅中央设主席台,主席台对面布置好座椅,座椅数量根据出席记者人数而定。(　　)
4. 宴会请帖发放时间一般是提前一周左右。请帖发放要注意以下事宜:确定名单时勿有所遗漏;不要邀请正在闹纠纷的人同时参加;男女客人大致相等或男士多一些。(　　)
5. 在国际交往活动中,人们将尊重对方,即将对交往对象的重视、恭敬、友好作为涉外礼仪的核心。(　　)

三、案例分析

小王曾接待了一位82岁高龄的美国加州老太太,她是来华旅游并参加短期汉语学习班的，见面时小王对老太太说："您这么大年纪了，还到外国旅游、学习，可真不容易呀！"这话要让同样高龄的中国老太太听了准会眉开眼笑，高兴一番。可是那位美国老太太一听，脸色即刻晴转多云，冷冷地应了一句："噢，是吗？你认为老人出国旅游是奇怪的事情吗？"弄得小王十分尴尬。

问题：

1. 小王的做法有何不妥之处？

2. 涉外交往中要注意哪些礼仪？

单元要点归纳

- 会展商务礼仪接待要求
  - 会展日常商务接待礼仪
    - 会面礼仪
    - 举止礼仪
    - 沟通接待礼仪
  - 会展特殊场合接待礼仪
    - 开幕式礼仪
    - 新闻发布会礼仪
    - 宴会礼仪
    - 涉外礼仪

项目五　会展客户诉求

项目概述

分析会展客户诉求是会展客户服务的前提条件,在不知道客户诉求的情况下就无法准确无误地为会展客户提供增值服务。因此,分析会展客户诉求至关重要。在本项目中我们将学习如何使用会展项目通报;理解学习会展客户诉求的流程;能够采用各种方法统计分析会展客户需求,能够简单撰写会展客户需求报告。

项目目标

- 能够使用会展项目通报
- 能够按照会展客户诉求流程分析客户诉求
- 能够统计不同阶段客户需求

学习任务1 会展项目通报

任务概述

在本任务中我们将学习什么是会展项目,会展项目具有怎样的特征;什么是会展项目通报,会展项目通报具有怎样的特点;会展项目通报的要求与格式。

任务目标

- 能够理解会展项目内涵及特征
- 能够理解会展项目通报内涵与特征
- 能够使用会展项目通报

学习内容

一、会展项目

1. 会展项目概念

会展项目是以各种会展活动为管理对象的有计划的活动。是为达成特定目标,在规定的时间内,在预算范围内,有组织地完成的一个任务。

2. 会展项目特征

(1)明确的服务目标

任何一个会展项目都设有要完成的任务。例如某展览会项目的基本任务就是将参展商与专业观众组织起来,产生交易量。

(2)过程具有阶段性

所有的会展项目都有一定时间段的,不可能无限期地开展下去。例如某展览会从最初策划到正式运营大概两年的时间,不能无限制的持续下去。若是一直持续下去就不能形成项目,也就是说这个项目是不存在的。

(3)项目具有约束性

会展项目的实施要考虑各种限制性因素,例如资金预算、时间安排、政策、法律法规等。例如北京张家口将在2022年主办第24届冬奥会,2022年就是一个时间限制条件,所有的筹备工作必须在此之前完成。

案例分析

2009年10月15日~11月4日,第106届中国进出口商品交易会(又称"广交会)在广州琶洲展馆举行。广交会新闻发言人陈朝仁14日介绍,本届广交会共有22 320家境内外企业参展,比上一届增加216家。预计到会人数多于上届,无论企业还是投资界,都希望看到订单增加,短单变长单。

1. 广交会开幕举行招待会5.5万个展位供不应求;

2. 广东交易团企业超2 400家愿做内销企业增加五成;

3. 广交会每年为广州增收326亿元。一年两届广交会带给广州的直接经济效益,即国内外访客和相关机构的直接消费为110.5亿元,间接经济效益为215.94亿元。直接效应与间接效应合计为326.44亿元。2008年广州市国内生产总值(GDP)为8 215.82亿元,一年两届广交会带来的经济收益则占广州市全年GDP的3.96%。

用自己的话简要介绍案例中的展会项目。

3. 会展项目的分类

(1)会议的分类

按照不同的分类标准,会议可分为不同的类型,主要有以下几种:

- 按会议的组织形式可分为年会、代表会议、论坛、专题学术讨论会、讨论会、座谈会。
- 按会议的内容可分为商务型会议、度假型会议、展销会议、文化交流会议、专业学术会议、政治性会议、培训会议。
- 按会议的主办主体可分为协会会议、公司会议和政府会议。

(2)展览的分类

按照不同的角度,展览可以有以下几种分类:

- 按展览的内容可分为综合展(博览会)和专业展。
- 按展览的性质可分为宣传类展览会、贸易类展览会和虚拟展览会。
- 按展览的行业可分为轻工行业展、石化行业展、纺织行业展、建材行业展、房地产行业展等各行各业的专业展览会。
- 按展览的规模可分为单独展、多国展和国际博览会。
- 按展览的地域可分为国内展、国际展和出国展。
- 从是否盈利划分,展览可以分为盈利性展览和非盈利性展览。

二、会展项目通报

1. 会展项目通报的含义

通报可分为表彰性通报、批评性通报和情况通报。会展项目通报是通报文体中的情况通报。展项目通报是为了让主办方领导或会展活动委托者或会展项目客户了解项目目标、项目主要事件和进度安排。这是向会展客户通报传达会展项目重要情况和事项,能及时交流信息的一种形式。会展项目通报最主要的功能是交流,及时交流传递信息,促进会展企业与各类公众之间相互了解、相互沟通。

2. 会展项目通报的特点

(1)及时性

会展项目通报要抓住时机，对某些重大事项和重要情况，及时予以通报，以起到交流信息、指导工作的作用。错过时机的通报，就失去了它的时效性，没有行文的意义了。

(2)沟通性

会展项目通报的主要功能就是传递信息，与客户进行信息沟通。因此沟通性是会展项目通报的重要特征之一。

(3)告知性

通报的目的，就是让人们了解通报的事项，做好自己的工作，所以，告知性是通报的一个明显特点。交流情况的通报，让人们知道相关的信息，进行参考和借鉴。

三、会展项目通报内容与格式

1. 会展项目通报内容

(1)会展项目基本概况

简要介绍会展项目基本情况，包括举办背景、时间、地点、主题、意义等相关信息。

(2)会展项目目标

小到一个小型展会和会议，大到奥运会这样的大型活动，在会展项目不同阶段要实现的各种目标必须要明确清晰。

(3)具体任务

在本次会展项目中需要完成哪些具体任务，要将这些具体任务明确。例如2015年第十八届亚洲宠物展，除了组织不同类型的参展商与专业观众，还有很多配套活动，如各种高峰论坛，各种宠物运动会等，这些都是会展项目中的具体任务。

(4)人员配备

无论是展览会还是会议，涉及主体众多，组织工作复杂，需要合理的人员进行配置。在通报中要有相关人员配置，例如负责展商酒店预定联系人员是谁，如何联系；负责现场运营管理的人员有哪些，如何联系等。

(5)时间进度安排

在会展项目中，各项工作的开展顺序、开始及结束的时间是如何安排的。具有里程碑事件的执行时间是什么。在展览中，具有里程碑意义的事件可能包括场馆的租用、招展招商时间结束时间、营销方案的启动、与服务商签订合同、展台搭建、展品运输等。

(6)资源配置

在会展项目不同阶段物力、财力是如何配置的，在不同阶段需要的物力和财力是怎样的。

案例分析

缺乏项目通报　展会效果大打折扣

今年1月在上海举办的某展会上，在展会开幕前两天，即1月18日中午，预登记工作就已全部结束，但由于网站上没有明确注明预登记截止时间，导致很多专业观众在所谓的“截止日期”后仍然注册，奇怪的是仍然显示注册成功，并都收到了注册号，来展会现场办理胸卡时才发现是无效注册，引起了很多本可以避免的争执。这样的事件在开幕第一天就出现了，可主办方仍然没有采取任何补救措施，导致第二天还不断有观众拿着刚刚注册成功的注册号申请胸卡。展会的网站居然遗漏如此重要的提示信息，在线服务严重缺位。笔者观察，展会结束三天后，该展会网站仍然没有任何更新，没有提交任何展会报告，而同样是1月23号闭幕的德国杜塞尔多夫国际水上运动及船艇展，23日下午18点闭展，晚上20点，该展会的展会报告及时刊出，并且对2006年的展会进行预告。

案例中，展会组织方哪些地方做得不好？为什么？

2. 会展项目通报格式

目前会展项目通报没有特别严格的格式要求。总体概括而言，一般包括以下几个方面。

（1）标题

会展项目通报的标题一般要包括会展项目名称、发文部门或企业。标题有两种写法：一是公文式标题；二是新闻式双标题，多为正题加副题。例如第×届×××展览会项目。

（2）正文

会展项目通报正文包括对会展项目情况介绍及会展项目通报中主要内容。

（3）落款

落款包括发文单位名称及日期。

拓展提高

会展新闻稿基本要求

在国外，向新闻机构发送新闻稿是政府部门和大公司为争得新闻界的支持、利用新闻界宣传自己的常见形式。一般做法是，把具有新闻性的信息，由专门人员写成新闻稿，以传真、电子邮件等方式，传送给新闻界，请新闻界发表或在撰写新闻时参考。撰写新闻稿需注意几个基本要求：

1. 内容要有新闻价值，而不是泛泛的宣传资料。发放新闻稿的目的虽然是宣传自己，但稿件宜尽量减少或避免宣传味。

2. 要交代清楚时间、地点、人物、事件、原因、后果等一些基本要素，并在最显著的段落中写入最需要让记者了解的内容。

3. 要力求简洁明了,直切主题,减少套话和空话。发布一条新闻,一般写一两页纸就够了。

4. 新闻稿的事实要求准确,经得住记者的挑剔,内容不浮夸。

5. 遣词用句要有吸引力。关于这个问题,清华大学新闻与传播学院副教授史安斌曾在讲课中举过一个例子:美国宾州政府要出台一个《网络隐私保护法案》,事先弄了一份新闻宣传提纲。提纲开头是这样写的:"今天我们来介绍一下《网络安全保护法案》的一些情况"。史安斌教授认为这样说太直白,引起不了听众的注意力。他认为应改为:大家在上网购物时一定担心过自己的信用卡会不会被盗用,这才有了现在这个《网络隐私保护方案》。这样能从听众亲身体验入手,唤起注意。

上述几点,主要是着眼于新闻稿能引起记者注意,取得效果。如果一条新闻稿到达编辑和记者的手里,一下吸引了记者,他一定要看并可能采用;如果稿件没有开门见山,尽管稿件里面有新闻内容,记者也不会耐下心来去研究,那么稿件将面临被扔进纸篓的危险;如果稿件内容有误或有水分,记者便可能去炒作与稿件有关的负面新闻。新闻稿的发送,可以给每一家新闻机构,争取广种薄收;也可选择信息要传达到的特定国家和地区的新闻机构;有时只送给精心挑选的个别新闻机构。因为是新闻稿,比较简明扼要,因此记者可能回过头来咨询更详细的情况,作深入报道,这样就可以进一步向记者提供有关的背景资料和观点,甚至可以接受记者的单独采访。

思考练习

一、填空题

1. ________是以各种会展活动为管理对象的有计划的活动。
2. 会展项目通报是通报文体中的________。
3. ________是展览会客户群体中处于核心地位,是办展单位的主要经济来源。
4. 会展项目的实施要考虑各种限制性因素,例如资金预算、时间安排,政策、法律法规等。这体现了会展项目的________特征。
5. 会展项目通报要抓住时机,对某些重大事项和重要情况,及时予以通报,以起到交流情况、信息,指导工作的作用。错过时机的通报,就失去了它的时效性,没有行文的意义了。这体现了会展项目通报的________特点。

二、判断题

1. 按展览的内容,展览会可分为综合展(博览会)和专业展。(　　)
2. 通报可分为表彰性通报、批评性通报和情况通报。会展项目通报是通报文体中的情况通报。(　　)
3. 会展项目通报的主要功能就是传递信息,与客户进行信息沟通。因此沟通性会展项目通报的重要特征之一。(　　)
4. 目前会展项目通报没有特别严格的格式要求。(　　)
5. 按会议的内容,会议可分为商务型会议、度假型会议、展销会议、文化交流会议、专业

学术会议、政治性会议、培训会议。(　　)

三、简答题

会展项目通报内容有哪些?

学习任务2 会展客户诉求流程

任务概述

熟悉会展客户需求流程是了解会展客户需求的必要条件。在本任务中我们讲会展客户的分类,明白按照会展不同类型,会展客户是如何分类的;熟悉会展客户诉求的流程。

任务目标

- 能够熟悉会展客户的种类
- 能够熟悉会展客户诉求流程

学习内容

了解会展客户诉求就是理解会展客户真实的需要是什么,在满足客户需求或者解决会展客户问题时必须要清楚客户的诉求。在了解会展客户诉求之前,我们首先要清楚会展客户有哪些?

一、会展客户的种类

展览会的客户至少包括参展商、专业观众,会议的客户至少包括主办委托方、参会人员。

1. 参展商

参展商在展览会客户群体中处于核心地位,是办展单位的主要经济来源。参展商在行业中的影响力直接关系到展会的层次与品位。参展商是展览会的重要客户。参展商包括现有参展展会的客户也包括潜在目标客户。

2. 专业观众

专业观众是指从事展会上所展出的商品或服务的设计、开发、生产、销售或者提供相关服务的专业人士或者用户,专业观众又称贸易观众。专业观众是展览会另一个重要核心群体,它与参展商是展览会两个相辅相成的重要组成部分。

3. 主办委托方

主办委托方是会议策划营运企业的核心客户。会议策划运营企业要满足委托方的各种需求,按照委托方的要求策划各种活动,确定会议发言人,挑选会议场所、安排食宿,安排各种会务活动。

4. 参会人员

参会人员即是会议策划营运企业客户,也是会议主办委托方的客户。会议策划营运公司与会议主办方要充分考虑参会人员的需求,特别是商业会议更是要考虑客户需求,满足客户需求才能更好地开展下去。

二、了解会展客户诉求的流程

案例分析

Euroshop 展了解客户需求,深受客户喜爱

在今年 2 月举办的全球最大的零售业展会 Euroshop 上,在其 Euro expo 主题展区,展会主办方委托国际展览服务联合会和德国知名的展览传媒 M + a report 杂志社共同承办以“展览:提高效率”为主题的讲座和报告会,在 5 天的展会上举办了共 50 余场次的讲座,并免费向全体观众开放。讲座主题从如何吸引观众参观自己的展位到灯光和照明。最重要的展示元素,从如何恰当使用展商和观众的相关信息到德国展览业协会最新推出的展商参展评估系统的推介,涉及展览行业的方方面面,如果全程听下来,绝对是了解展览行业最新动态的极佳培训课程。

想一想:Euroshop 展为何深受客户喜爱?

1. 了解观察

了解会展客户诉求的首要之举就是要与客户沟通。与客户沟通无论是面对面沟通还是非面对面沟通,都是从猜度观察阶段开始的,在这个阶段主要目的是双方建立信任关系。人与人之间的接触最初一般是抱有防备心理,信任关系是需要长期合作之后才能形成的。但是作为会展企业工作人员在与客户初次接触阶段,一定要真诚友好。会展客户要通过与业务人员接触来猜度企业是否有诚意,判断是否值得合作。因此会展企业业务人员在首次与客户接触时一定给客户留下较好的第一印象,才能有助于以下阶段工作的开展。

小贴士

会展客户沟通技巧

1. 着装正式、得体、干净、整洁,既表示对客户的尊重,又是自身职业性的一种体现。

2. 在交谈中面带微笑,与客户保持适当地目光接触,目光接触时间为 5 ~ 10 秒,不看对方或者过长时间盯着对方,都会让客户感受不舒服。

3. 在交谈中,密切注意客户的身体语言,客户不断地看手机或手表,表示其已厌倦疲惫,要适时转换话题。

4. 在交谈过程中,忌讳做出各种手势,太过张扬会给客户华而不实的感觉。

2. 搜集客户诉求信息

搜集会展客户诉求信息的途径有很多种，可以通过当面会谈也可以通过电话调查或发放调查问卷等方式获取客户诉求信息。

在与客户面对面沟通了解会展诉求时，一定要认真倾听。在听取客户诉求时，不仅要听取他们表达的语言，还要过滤与主要内容无关的信息，同时要关注客户非语言性信息。例如，语调和身体语言的变化，一般是客户真实思想的反应。作为会展企业工作业务人员要随时捕捉判断到客户真实需求意图。

电话调查了解客户诉求时一定要集中精力，认真倾听，搜集有用信息，并及时进行记录，及时追问细节，对于重要信息进行必要重复，告知客户你已经理解了他所讲的内容，再次确认其观点。例如客户讲完后，跟客户确定："您刚才讲的是……，我这样理解准确吗？"

调查问卷可则通过问卷进行搜集。

3. 整理分析客户诉求资料

通过前期以各种方式搜集的会展客户诉求信息资料进行整理分析，分析会展客户真正的诉求及潜在诉求。分析会展客户潜在诉求是会展企业业务工作的重要组成部分。例如某企业邀请某会议公司为其策划周年庆典。该客户原先的诉求就是搞的热热闹闹，那么会议策划机构要分析出其潜在诉求，热热闹闹只是表面形式，客户更需要的通过举办周年庆典提高企业知名度，引起社会的关注度。那么会议策划机构在策划时要突出其要点，创造新意，引起媒体关注报告或者为其邀请行业知名人士进行致辞，提高其关注度。这样的服务会给客户额外的惊喜。

拓展提高

客户经理倾听客户诉求要点

作为一个客户经理，要耐心倾听客户诉求，不仅能改善自身服务，还能发现不少商机。学会和掌握倾听客户诉求的技巧，能够了解客户的需求，获得客户更多的认同，这是提升营销成效的重要途径之一。因此，学会倾听客户诉求，对促进会展业务营销很重要。如何倾听客户诉求呢？

其一，要站在客户的立场上倾听客户对会展业务的需求。专注倾听的姿态能激起客户讲出其内心更多想法的欲望，从中得出客户的真实需求。如有客户提出为了宣传和提升单位形象，在展会现场进行广告宣传推广不知道选择哪一种，又担心费用太高，我们不能简单地判断客户怕费用高，而应站在客户的立场上，耐心听取其诉求，了解客户使用会展项目广告的目的、方式、数量及客户的承受能力等。如此设身处地地为客户着想，为客户选择最适合的广告宣传推广业务产品，客户就有可能接受我们的建议。

其二，要让客户把话讲完，并记下客户需求的重点。只有让客户充分表达其真实想法和迫切诉求后，我们才能正确地满足客户的需求。如客户流露出对会展服务某方面不满意时，此时我们就不能打断客户的话，因为这既是对客户不尊重的表现，也有可能因此打断客户的思路，妨碍客户真实想法和诉求的表达。我们应该耐心地询问客户为什么有这样的担心，并针对客户担心的原因，用其他类似的成功案例、同类客户“现身说法”，有时还需上门解释来消除客户的担心，从而使客户相信。

其三，要以一种豁达的胸怀来对待客户的意见和建议。不要心存偏见，只听自己想听的或是以自己的价值观来判断客户的想法。无论客户的意见和建议是主观的还是客观的，我们都要认真记录下来。能改正的、有利于会展业务营销工作的，自然是要听取；因客观原因现阶段解决不了的，一定要向客户解释，得到客户的谅解。在此过程中，对客户所说的话，不可戒备，更不要排斥，应给客户营造一个能畅所欲言的环境。

其四，要态度真诚、友善。要掌握客户真正的想法，态度尤为重要。只有态度真诚，话语诚恳、热情、友善，客户才会把真实的想法告诉客户经理，这样才能在棘手问题面前“游刃有余”。

思考练习

一、填空题

1. ________是指从事展会上所展出的商品或服务的设计，开发，生产，销售或者提供相关服务的专业人士或者用户，专业观众又称贸易观众。
2. 参展商包括现有参展展会的客户，也包括________目标客户。
3. 了解会展客户诉求首要之举就是要________。
4. 搜集会展客户诉求信息途径有很多种，可以通过当面会谈也可以通过________或发放调查问卷等方式获取客户诉求信息。
5. 通过前期以各种方式搜集的会展客户诉求信息资料进行整理分析，分析会展客户________。

二、判断题

1. 主办委托方是会议策划营运企业的核心客户。会议策划运营企业要满足委托方的各种需求，按照委托方的要求策划各种活动，确定会议发言人，挑选会议场所、安排食宿，安排各种会务活动。(　　)
2. 专业观众是展览会客户群体中处于核心地位，是办展单位的主要经济来源。(　　)
3. 在听取客户诉求时，不仅要听取他们表达的语言，还要过滤到与主要内容无关的信息，同时要关注客户非语言性信息。(　　)
4. 分析会展客户潜在诉求是会展企业业务工作的重要组成部分。(　　)
5. 作为会展企业工作人员在与客户初次接触阶段，一定要真诚友好。会展客户要通过与业务人员接触来猜度企业是否有诚意，判断是否值得合作。(　　)

三、简答题

会展客户诉求的流程是怎样的？

学习任务3 不同阶段客户的需求

任务概述

在了解完会展客户诉求流程后，下一步的工作则是统计分析不同阶段会展客户的需求。在本任务中我们将学习按照怎么样的途径搜集整理会展客户需求信息，明白分析会展客户需求资料步骤。

任务目标

- 能够按照熟悉客户客户需求信息途径进行信息采集
- 能够熟悉统计分析会展客户需求资料步骤

学习内容

一、搜集会展客户需求信息途径

收集客户需求的方法多种多样，最基本的方式不外乎面谈、问卷调查、电话调查、委托第三方调查。

1. 面谈

面谈是信息收集的一种有力方法，但是一定要注意方法得当。面谈的对象多是业务人员，所以在收集信息的时候，要使用业务语言与面谈的人沟通。讲业务语言而不是技术的语言，是与业务人员进行沟通的基本条件。其次，要保证对每一个角色或岗位进行至少两次的面谈，同一个问题的回答对处于同一角色或岗位的不同的人可能会有不同的理解，甚至对同一个人在不同时间的回答或表述方式也不尽相同，多次面谈可以更可靠地获得准确的需求。面谈可以采用会谈或小型研讨会的形式，时间一般不宜太长。

2. 问卷调查

问卷调查是指通过设计问卷的方式向被调查者了解需求情况的一种方法。问卷调查有多种发放途径，一般使用的往往是留置调查。留置调查，指调查人员将问卷或调查表当面交给被调查者，由被调查者事后自行填写，再由调查人员约定时间收回的一种调查方法。这种方法可以留给被调查人员充分的独立思考时间，可避免受调查人员倾向性意见的影响，从而减少误差，提高调查质量。

使用问卷调查的方式收集需求，问卷的设计是关键。问卷设计要考虑的问题和面谈准备的问题大同小异，但是要注意语言表述清晰，没有歧义。

3. 电话调查

通过电话沟通的方式了解会展客户的需求。例如有一个老客户突然不参加今年的展会了，会展企业工作人员可以通过电话沟通的形式与客户进行沟通，询问客户拒绝参加本届展会的原因，是企业营销战略有所调整还是其他原因，了解客户真正的需求。电话沟通决定是否有必要进行面对面沟通。

4. 委托第三方调查

委托第三方调查一般是向相关信息咨询企业购买的第二手资料。包括客户对展览会的态度和评价、客户的合同履行情况与存在的问题、客户与其他竞争者的交易情况、客户的需求特征和发展潜力等。

二、统计分析会展客户需求资料步骤

1. 现将客户需求信息进行分类

搜集和整理参展商、赞助商以及接受参展商邀请的专业观众的现实数据是清楚会展客户需求必要步骤。将搜集后的客户需求数据资料进行整理是必要的前提条件。这些会展需求数据资料可以分为两类：

(1)原始记录

客户原始记录是关于客户的基础性资料。它通常是会展企业通过各种形式与会展客户沟通获得的第一手资料，具体包括以下内容：客户代码、名称、所在国家和地区、具体地址、邮政编码、联系人、电话号码、电子邮箱，会展客户基本偏好，基本诉求点等一切原始资料。

(2)统计分析资料

统计分析资料主要是会展企业通过客户调查分析或向相关信息咨询企业购买的第二手资料。包括客户对展览会的态度和评价、客户的合同履行情况与存在的问题、客户与其他竞争者的交易情况、客户的需求特征和发展潜力等。这些资料是已经处理完毕的信息，可以直接使用。

2. 分析会展客户需求一手原始资料

将会展客户需求一手原始资料需要依据活动性质按照客户类别进行再次分类，如展览会则分为参展商需求资料、专业观众需求资料；会议则整理出委托客户需求资料、参会人员需求资料；大型活动则按照其各类客户进行分类。

再次分类完毕则运用不同的统计分析软件，如 EXCEL 进行统计分析，分析不同客户的需求特征。如某届展会参展商需求特征，参展商又分为国内客户与国外客户需求特征，国内客户又可分为北方客户与南方客户的需求特征，国外客户可分为欧美国家客户、日韩国家客户等不同地域客户需求特征。

3. 撰写会展客户需求报告

会展客户需求报告一般包括三部分：会展客户基本信息、会展客户需求特征与偏好、结论三部分。会展客户基本信息则包括本报告中会展客户的地域、行业、规模、企业特征等信息；会展客户需求特征与偏好包括分析参展商对展位费的敏感程序，对展会宣传方式的偏好等一系列信息；结论则是针对会展客户的需求特征与偏好，会展企业应该采取怎么样的措施满足会展客户的需求。

案例分析

茶叶客户需求分析报告

从近几年销售渠道的变化可以看出,茶叶消费的发展趋势主要体现在对茶叶的质量提出了更高的要求,由原来的以中低档的大宗茶消费者为主逐渐转化为名茶、保健茶、有机茶为主的优质茶叶消费,并且已渐渐的不满足于楼式的饮茶方式,大有向“专业化”发展之势。茶势已经被广大市民所接受,在茶艺馆品茗论道,感受茶文化带来的精神享受,成为一种潮流。

一、发展的趋势主要体现在三个方面:

1. 从大宗茶为主转向以名优茶为主。

2. 茶叶消费由单一同质化传统茶转向多元化系产品。

3. 消费者更加追求饮茶的生理和心理双重需求。

二、根据消费趋势的发展,我们把消费者分为四大类;

1. 无特殊偏好者,只在外面饮茶时或是朋友家作客时才会喝茶

这类人对茶叶没有太多了解,也没有什么特殊的偏好,消费茶叶量非常少,几乎不用将其列入考察范围,但若是从其他(例如功效,口感等方面)对其进行熏陶,使之成为第二类消费者的希望还挺大的。

2. 一般爱好者,在空闲时候会泡茶喝,但对此并没有很深入或很专业的认识

这类人每周甚至每天也许都会喝,但对茶叶的品种,品质优劣并没有太高的要求,追求的往往是茶水的口感,或是功效(包括有为了减肥、降血脂而喝茶,为了防癌和保健的需要而喝绿茶,为了美容养颜的需要喝花果茶等),他们喝茶有几个来源:朋友馈赠的,自己有不时之需购买的。而这些人在某方面深入钻研或是喝茶的时间长久以后,容易转化成第三类消费者。

3. 特别爱好者

他们消费茶叶量比较大(每月数斤),对茶叶口质,品种要求较高,对喝茶的环境、氛围,泡茶的工艺和茶具的选择尤为讲究。这类人爱好喝茶,也懂得喝茶,因此他们对喝茶的整套方式和工艺都十分注重。选购茶叶时对以下几个方面的因素考虑较多:产地、质量、品牌。

4. 专业爱好者

他们对茶叶的研究较为深刻,除了茶本身,他们也会考虑相关的历史,文化等方面的抽象因素。喝茶特别注重氛围和工艺,对茶叶要求最高。

请问:上述报告包括了哪些内容?

拓展提高

会展项目为何要考虑参展商需求

会展产品开发要满足参展商的需求,这是会展项目开发的核心因素。

赢得参展商的参与是会展成功的开始。会展产品的开发者必须意识到参展商是会展产品的主要消费者,没有参展商参加的会展产品就是没有市场价值的产品。主办单位与参展商之间的价值传递是非常重要的。这种价值传递就表现为参展商是主办单位收益的主要来源,而展览会能够为参展商实现价值增值。所以,成功的产品开发,首先要考虑参展商的需求。

参展商希望通过参展获取良好的交易环境,实现交易额,推广企业及产品形象。如果参展商达到了预期目的,就会与主办方建立良好的客户关系,并在同行中传递好的信息,反之,则会出现恶性循环。成功的产品开发,首先要考虑参展商的需求。

思考练习

一、填空题

1. ________是指通过设计问卷的方式向被调查者了解需求情况的一种方法。
2. ________是关于客户的基础性资料。它通常是会展企业通过各种形式与会展客户沟通获得的第一手资料,具体包括以下内容:客户代码、名称、所在国家和地区、具体地址、邮政编码、联系人、电话号码、电子邮箱。
3. ________主要是会展企业通过客户调查分析或向相关信息咨询企业购买的第二手资料。
4. 包括客户对展览会的态度和评价、客户的合同履行情况与存在的问题、客户与其他竞争者的交易情况、客户的需求特征和发展潜力等,一般来源渠道为________。
5. 收集客户需求的方法多种多样,最基本的方式不外乎________、问卷调查、电话调查、委托第三方调查。

二、选择题

1. 会展客户需求报告一般不包括(　　)。

   A. 原始资料　　B. 客户基本信息

   C. 客户需求特征　　D. 会展客户需求偏好

2. 包括客户对展览会的态度和评价、客户的合同履行情况与存在的问题、客户与其他竞争者的交易情况、客户的需求特征和发展潜力等,一般来源渠道为(　　)。

   A. 三方　　B. 电话调查　　C. 调查问卷　　D. 面谈

3. (　　)是指从事展会上所展出的商品或服务的设计,开发,生产,销售或者提供相关服务的专业人士或者用户。

   A. 参展商　　B. 专业观众　　C. 供应商　　D. 客户

4. 下列哪项不属于会展项目通报特点？(　　)

A. 及时性　　B. 沟通性　　C. 告知性　　D. 指导性

5. 任何一个会展项目都设有要完成的任务。这说明会展项目具有(　　)特征。

A. 明确服务目标　　B. 阶段性　　C. 约束性　　D. 时效性

三、案例分析

2013 年,“中国国际家用纺织品及辅料博览会(以下简称家纺展)”率先使用 APP,成为为数不多尝试使用移动互联的展会。3 月 11 日,2014 年家纺展的 APP 将提前上线,目的是希望客户使用更便捷,APP 功能更完善。

中国家用纺织品行业协会会长杨兆华认为,利用现代的移动互联技术,改变过去展会传统的流程,准确性更高。而使用 APP 将全面提升竞争力,不仅提高工作效率,还可以事半功倍。杨兆华强调,要用好 APP,内部的组织机构需要做相应的调整,传统的组织结构无法适应移动互联时代的职能设置,需按移动互联的性质去进行人员调整,这一点非常关键。

APP 不是噱头

杨兆华表示,会展企业、会展项目组织方要清楚,使用 APP 的根本是什么,不能本末倒置。如果将使用 APP 作为一种噱头,将是一件痛苦的事。家纺展主办方已经认识到,移动互联未来具有较大发展潜力。目前,家纺展已经累计了几十万条数据,大数据是可以利用的,但如果没有手段,如何有效利用这些数据？尤其是作为 B2C 的家纺展,一端是参展商,一端是专业观众,组委会需要考虑如何提升服务质量。杨兆华强调,使用移动互联不是一个简单的过程,不能低估使用者的智商,以及其对 APP 好用与否的判断力。页面设计花哨不是 APP 的核心,功能好才能吸引客户。因此,今年家纺展 APP 的设计,将更注重服务细节,更贴近客户需求。同时,还将考虑到与会者的参与性和娱乐功能。与此同时,家纺展正在考虑如何更新 APP 内容。

内容为王

据杨兆华介绍,家纺展在向其他使用 APP 的展会借鉴经验的同时,必须根据家纺展的自身优势,以及对行业的了解,今后发展趋势,寻求真实高效的服务。杨兆华坦陈,2013 年家纺展使用 APP 已经引起了很多关注,但当时的 APP 还处在初级阶段,效果与预期还有差距。随着对移动互联认识的加深,越清楚 APP 在展会整个过程中发挥的的作用和价值,越是要认真地投入和完善。

杨兆华指出,移动互联是一个“一把手”工程,必须由主办方最高决策层亲自抓,否则很难推进。重点不在于资金投入,而在于人员的管理和协调。更重要的是,必须打乱已有的传统组织结构,重新构架,这是一个极大的挑战。杨兆华透露说,他参与了整个家纺展的 APP 设计,所以对 APP 很有想法。现阶段,虽然离预期目标还有距离,但一直在不断完善当中。

想好了就去做

“准备好了,大胆地去做。”杨兆华认为,如果决策层不了解移动互联,暂时就不要去做;如果前期没有准备好,更不要去尝试。APP 是一个长期工程,需要长期的投入,必须要做打持久战的准备。杨兆华表示,通过移动互联与国际接轨是一个有效的手段。今年家纺展将推出英文版 APP,这样一来,在国际招商中,不用再委托第三方进行营销。当然,服务团队的组织也将面临挑战。不可否认,目前,大型知名企业 APP 的设计都不是很完善,对于展会而言,用 APP 更好地为参展商和专业采购商提供服务才是目的。家纺展将建立一个数据平台后台,方便观察客户及行业间的交互性。

进行移动互联体系建设,最重要的是会展企业、会展组织方决策层思维的转变。尽管,目前建设移动互联体系还需摸着石头过河,但这是一个必然的过程,也是未来的发展趋势。

根据上述案例,请回答会展 APP 开发过程中应如何满足会展客户诉求?

单元要点归纳

- 会展客户诉求
  - 会展项目通报
    - 会展项目
    - 会展项目通报
    - 会展项目通报内容与格式
  - 会展客户诉求流程
    - 会展客户的种类
    - 了解会展客户诉求的流程
  - 不同阶段客户的需求
    - 搜集会展客户需求信息途径
    - 统计分析会展客户需求资料步骤

项目六　会展现场协调服务

项目概述

展会现场管理、控制和协调的内容十分庞杂，事无巨细。如果处理不当，任何一件小事都有可能发展成大问题，继而影响整个展会的效果。作为活动现场的公关人员最重要的一项任务就是在现场进行各种活动的协调，保障现场秩序井然有序，保障各种活动顺利开展。在项目中我们将学习展览会现场与会议现场如何组织现场入场协调服务，及应协调的重点服务内容。

项目目标

- 能够按照展览会规范步骤进行现场协调及重点服务内容
- 能够按照会议规范步骤进行现场协调及重点服务内容

学习任务1 展览会入场协调服务

任务概述

维护良好的展览会现场入场协调服务是会展企业公关人员应具备的基本技能，如何维护良好有序的入场协调服务对展览会现场组织而言至关重要。在本任务中，我们将学习展览会现场入场协调的程序是怎样的，展览会现场协调的重点内容有哪些。

任务目标

- 能够按照展览会现场入场协调程序组织协调工作
- 能够清楚展览会现场协调的重点工作

学习内容

一、展览会现场入场协调程序

(1)召开展前协调会

展会组织方应该充分考虑展会现场服务可能产生的问题，具体包括展台设计、展台搭建、展台租赁、展具出租、货物运输、现场观众登记、现场观众指引及导览、清洁保安、餐饮服务等方面的问题。在展会开始布展前一周左右，召开全体现场协调会议，明确各个部门或各展会服务承包商在展会现场的服务范围与责任。对于召开多次的展会，可以将以往展会现场出现的问题及处理对策大致归类并集结成册，分发给各个部门或各展会服务承包商，以便各部门或各服务承包商在展会现场再面对问题时，迅速做出反应，积极解决展会现场的问题。

(2)成立现场协调小组

现场协调小组是现场最高指挥中心，通常各类指示信息均由调度中心完成并发布。现场调度系统负责人统常由会展组织最高管理者、会展活动策划师、展场馆负责人、会展现场秘书组等相关人员组成。当展会现场出现紧急情况或遇见不知如何处理的问题时，统一交由应急处理小组处理，并由各个部门给予必要的支持。现场协调小组的组建最好在开展前一周的协调会之前，方便协调会时将应急处理小组主要负责人介绍给各个部门，以便应急处理小组在现场工作中得到各个部门的必要支持。

(3)安排人员进行现场协调

协调各系统的相关任务，特别是交叉性任务的指派；控制会展活动现场的进场程序；调配现场相关管理人员与服务人员；现场各类突发事件做出处理决定；重要工作内容通知下达;接待各系统的咨询意见并做出反馈;组织重要领导进行参观处理其他系统不能决策的事物;检查各系统实际工作情况;公布会展现场重大变化情况。

(4)总结分析

针对展会中入场各项任务进行总结分析,总结经验,分析不足,以便在下次展览会现场协调中注意。

案例分析

工作协调会助力展会顺利进行

10 月 23 日,备受国际环保和循环经济业界关注的 2008 首届中国国际循环经济成果交易博览会(循博会)在青岛国际会展中心隆重举行。循博会是国际上第一个高规格、大规模、专业性强的循环经济专业博览会,国内外参展企业 1 200 多家,展示规模近 3 万平方米,设置 1 200 个标准展位。

为了全面做好循博会服务工作,会展中心领导多次召集工作协调会,为做好备展和展会服务工作,特别是安全及开幕式重大活动保障工作,做了周密部署。未雨绸缪应急预案发挥重要作用。会展中心严格执行“事事有策划,件件有落实”的工作理念,做好展会准备工作。为了处理好展会期间的突发事件,会展中心各部门于布展一周前制定工作预案,重点针对循博会规模大、人流多的特点,制定了《中国国际循环经济成果交易博览会消防预案》《安全保卫疏散预案》《供餐应急预案》《恶劣天气应急预案》等应对措施。

请问:循博会为什么能够顺利进行?你得到什么启示?

二、展览会现场入场协调的重点服务内容

1. 组织协调参展商入场布展,注意协调各展商与场馆之间的配合,协调缓解各展商之间可能发生的摩擦。

2. 组织协调展会不同身份参与人员登记入场,保障入场秩序井然有序,无混乱场面。

3. 加强现场安全管理,尤其需加强展会现场盗窃、火灾和卫生方面。展会组织方公关部门要加强与公安、消防、卫生等相关部门协调,加强防范,协助整个展会顺利进行。

4. 组织协调与媒体关系,加强媒体接待工作。一般来说,国内一万平方米以上的展览会都会在现场设置新闻中心或新闻办公室,以便展商与观众发布信息。作为组织方一般会安排专门媒体进行采访,因此组织方要协调好与媒体之间关系,接受采访时举止大方。

案例分析

航展现场入场与安检须知

一、入场和安检温馨提示：

1. 入场准备

(1)请观众自行携带太阳镜、太阳帽、遮阳伞等观看飞行表演必备私人物品。

(2)入场需携带个人身份有效证件，注意入场时间和入场携带的物品符合展场规定和安检要求。

(3)有效身份证件主要包括：中华人民共和国居民户口簿、居民身份证、临时居民身份证、护照、中华人民共和国往来港澳通行证、因公往来香港澳门特别行政区通行证、广东省居住证；中国人民解放军、中国人民武装警察部队制发的军官证、警官证、文职干部证、士兵证、学员证(持此类军方和武警部队制发的证件者入场时需记住身份证号)；港澳居民来往内地通行证；台湾居民来往大陆通行证、中华人民共和国旅行证。外国人的身份证件主要包括：护照、外国人永久居留证、外国人出入境证、外国人护照遗失证明。

2. 入场流程

第一步：持票证者进入查验大厅进行人身及携带物品安全检查。

第二步：检验入场者有效身份证件进行身份核查(推荐使用二代身份证或关注“珠海公安”公众微信进行“大型活动身份预约认证”，查验速度最快)

第三步：查验入场者的航展证件或门票。

3. 安检须知：为了航展现场人员和物品的安全，配合航展入场的安检工作，现将安检要求告知如下：

(1)禁止携带瓶装水、灌装饮料及酒精类饮品入场。

(2)禁止携带易燃易爆物品(如打火机、烟花爆竹、汽油、酒精、丁烷气)，管制刀具(如匕首、三棱刀、带自锁装置的弹簧刀)，枪支弹药(如仿真枪、运动枪)和雷管等可能影响航展展区安全的各类危险物品入场。

二、航展现场参观指南

1. 展区外围的两侧设有公众停车场(停车位约6万个)：1号门外侧1号停车场规划有展商车辆的停车区(即B1车证停车区)、出租车、公交车和航展专线车的停车区和观众车辆停车区；5号门外侧5号停车场规划有旅行社的旅游大巴停车区(即B5车证停车区)、出租车、公交车和航展专线车的停车区、其它为观众车辆停车区。

2. 展区共设展场出入口4个(分别叫1号门、2号门、3号门、5号门)：凭大会发售的门票和配发的人员证件和车辆证件进入场内：其中1号门设有人员出入口和配证车辆入口，2号门和5号门只设人员出入口，3号口为配证车辆出口。

3. 室内展览分布在六个展馆:

∅1 号馆和 1A、1B 馆为国际展馆(展示国内外知名展商的展品)。

∅2 号馆为中国航天馆(展示航天领域的展品)。

∅3 号馆为中国航空馆(展示航空领域的展品,设有空军展区)。

∅4 号馆(展示兵器防务装备展品)。

∅5 号馆(展示兵器系统技术展品)。

∅6 号馆(展示后勤军需装备展品)。

4. 室外展览分为静态展示区(停放各种静态展示的参展飞机)、飞行表演的飞机停放区。

5. 展区内的服务设施分布如下:

(1)餐饮区分布:

A 餐厅位于二号馆与新闻中心之间(面向参展商供应自助餐);

B 餐厅位于停机坪(面向展商和现场观众供应自助餐);

新闻中心餐饮区(面向工作人员和媒体记者供应快餐);

商业服务区餐饮区(面向所有现场人员供应快餐盒饭);

三号馆内水吧(面向所有现场人员供应西点及饮品);

新闻中心一楼水池旁水吧(面向专业观众及媒体记者供应西点及饮品);

移动售卖点(分布于展区各主要通道旁的 20 余处,面向所有现场人员供应点心饮料)。

(2)纪念品和超市经营区分布:地点分布在二号馆、三号馆前后侧及商业服务区内的经营区,设有饮用水、饮料、邮品、飞机模型、纪念品等销售点和超市经营点。

(3)电信、邮局、建行、移动、保险等服务商都在 1 号馆、4 号馆内或商业服务区设有服务营业点。

请总结:展会入场需要注意哪些方面?

拓展提高

展会现场布置

展会现场工作一般由三部分组成:展会开幕管理、展会专业观众登记管理和展会现场工作管理。展会开幕管理是展会现场工作的第一个阶段,它是对展会开幕式的筹划、准备、控制和协调。展会开幕式是展会筹备过程的结束,同时也是展会展览期间的开始。因此,筹划好展会的开幕式,对举办好展会有着十分重要的作用。

在举办展会开幕式之前必须将展会现场布置好,以便为展会举行开幕式和观众到会参观作充分的准备。展会现场布置需要安排好以下各项内容:

1. 展会开幕现场

需要布置好开幕背板、门楼或展会横幅，并在背板上写上展会名称，开放时间，展会的主办、承办、支持单位等办展单位的名称等。如果有单位祝贺展会开幕或有企业做现场广告，还要布置好现场空飘气球或其他广告牌等。如果展会开幕现场有表演，还要按表演的需要布置好表演的场地。开幕式现场要布置得庄严隆重，气氛要营造得符合展会定位的需要。

2. 展馆序幕大厅

要布置好展馆、展区和展位分布平面图、各服务网点分布图、各参展企业及其展位号一览表及名录牌、展会简介牌、展区参观路线指示牌、展会宣传推广报道牌、展会相关活动告示牌等。序幕大厅的布置要与整个展会的气氛相协调，要醒目，容易辨认。

3. 展会各展馆

除了各参展企业的展位以外，还要布置好各展馆（展区）的主要展览内容提示牌、参观路线指示牌、本展区服务网点提示牌、至其他展馆（展区）的路线提示牌、本展区参展企业及其展位号一览表等。上述内容要布置在展馆（展区）比较显眼或观众容易迷路的地方，这样更有利于观众参观。

4. 展会嘉宾的休息室或者会客室

除了要配备一些茶水、咖啡和小点心等以外，还可以放一些有关展会的介绍资料。如果有必要，还可以为该休息室或会客室配备专门的服务人员或者翻译。

5. 其他

为方便参展商现场租赁各种展具和申请额外用水用电，展会可以在展馆适当的地方设立展会布展“一条龙服务点”，集中处理参展商布展及展览期间租赁展具和申请额外用水用电的需求。另外，为方便参展商和观众，还可以在展馆序幕大厅、展馆的主通道或其他便利的地方设立联络咨询服务中心，安排专门的人员在该中心负责接待和联系客户，现场处理和回答客户的有关问题。如果展会规模较大，除该联络咨询服务中心外，展会还可以在其他合适的地方再设立一些联络咨询服务点，为客户服务。

上述各种布置必须在展会开幕前完成。因为展会一旦开幕，观众就将入场参观，如果展会现场的各种布置在观众进场后还未完成，那势必会严重影响展会的现场秩序和展会的整体形象，影响观众的参观和参展商的展出效果，对展会发展不利。

思考练习

一、填空题

1. ________是现场最高指挥中心，通常各类指示信息均由调度中心完成并发布。

2. 国内一万平方米以上的展览会都会在现场设置________，以便展商与观众发布信息。

3. 在展会开始布展前________左右，召开全体现场协调会议，明确各个部门或各展会服务承包商在展会现场的服务范围与责任。

4. 组织协调________入场布展，注意协调各展商与场馆之间的配合，协调缓解各展商之间可能发生的摩擦。

5. 加强现场________管理，尤其需加强展会现场盗窃、火灾和卫生方面。

二、判断题

1. 展会组织方应该充分考虑展会现场服务可能产生的问题，具体包括展台设计、展台搭建、展台租赁、展具出租、货物运输、现场观众登记、现场观众指引及导览、清洁保安、餐饮服务等方面的问题。(　　)

2. 组织协调展会参展与观众不同身份参与人员登记入场，保障入场秩序井然有序，无混乱场面。(　　)

3. 作为组织方一般会安排专门媒体进行采访，因此组织方要协调好与媒体之间关系，接受采访时举止大方。(　　)

4. 当展会现场出现紧急情况或遇见不知如何处理的问题时，统一交由应急处理小组处理，并由各个部门给予必要的支持。(　　)

三、简答题

简述展览会现场入场协调程序。

学习任务2 会议现场协调服务

任务概述

通过现代化的电子签到设备，会议入场协调服务变得容易了许多，会议现场的协调服务则成为重中之重。学习会议现场协调服务有助于会议现场服务的顺利开展。在本任务中，我们将知道会议现场协调服务的程序是怎样的，会议现场协调的重点内容有哪些。

任务目标

- 能够理解会议现场协调程序
- 能够熟悉会议现场协调重点内容

学习内容

一、会议现场协调程序

1. 任务分解，设置预案

会议组织方需要把会议环节、物料准备环节、任务分工环节等进行全面分解，并尽可能细化每一个环节，做到没有大环节、只有小步骤的程度。如主持人穿的服装、进场时间、上场时间、走场方位、需要配合的注意事项等等，这些都要分解开来。再如大的会场布置、舞台搭建、设备调试等等也要进行详细落实。这样去做，等同于把会议筹备的事情脑中、笔下全部演练一番。同时，设想好其他紧急预案，有备无患。

2. 落实责任到人，共同推演全程

一个人不可能完成所有细节性工作，需要组织方指定人员分别处理，组织方总调度协调人员只需对2～3个人调度就可以。这2～3人再去监督和协调每一版块的工作。责任到人，关键是任务落实的沟通理解程度，注意解决每一个人的疑问，共同去推演会议全程。

3. 现场彩排，确保无偏差

这个是必经的环节，组织方必须对设备所用的各种道具、物料进行现场查看、调试，确定要求，确保无偏差。熟悉舞台，熟悉会场，做到每个人都心中有数。如果确实不能现场彩排，那也应与会场负责人进行全面沟通、确定，后进行内部排练。

4. 临场应变，按预案行事

会议进行时会出现很多意外情况，比如临时有演员来不了、麦克不出声、突然断电等等。作为总的调度协调人员应该临危不乱。如果事前有预案一般不会出现重大失误，应当掌握好主要会议顺序，而后对各种突发情况进行处理，处理的原则是不能拖延，必须立刻去解决，并指定好负责人。不能拖了一件事再去处理另一件，这样极易出现问题。

5. 严谨思想，推进到底

全程都紧抓不放，直到最后一刻，同时将这个思想传达给每一个组织会议人员，不然在我们放松警惕的时刻，意想不到的问题就会发生。

二、会议现场入场协调重点服务内容

1. 检查协调进出车辆、周边交通要道、场入进出口情况，及时协调疏导车辆入场；组织协调治安管理人员，对进入场及周边区域车辆、人员、设备等进行监控。

2. 随时检查机场、车站、会场接待情况，餐饮、住宿等布置情况，以及酒店会议室相关欢迎幅、欢迎牌、指示牌是否出现问题。

3. 检查确定出席人员就坐排列方式，安排专人管理嘉宾签字、贺词、签约书，做好发言过程中的应急稿与应急演讲设备，如话筒、摄影设备、照明设备，提前安排好录音、拍照、摄影、同传人员。

4. 做好茶歇安排。通常茶歇的准备包括点心要求、饮品要求、摆饰要求、服务及茶歇开放时间要求等，一般不同时段可以更换不同的饮品、点心组合。

5. 与酒店餐饮部门协调确定备餐人数、标准、饭菜内容。根据参会人员的喜好，预定各种形式的餐会包括西餐、中餐、自助餐、宴会。餐饮安排通常有自助餐或者围桌餐两种形式。自助餐一般可以发餐券控制，很多酒店对于自助餐的开设有就餐人数的要求，可以事先制订餐标及餐谱，严格区分正式代表与随行人员、家属，特殊要求者，可以和餐厅协商。围桌式餐饮安排比较复杂，特别是召开大型会议时，围桌式餐饮安排需要考虑的问题有：开餐时间、每桌人数、入餐凭证、同桌者安排、特殊饮食习惯者、酒水种类及付款等。

6. 要对会议过程进行控制，需要制定意外事件处理预案以应对会议过程中的突发事件、紧急事件。会议中最可能出现的情况，可能是参会人员或重要嘉宾缺席，预定场地无法按时提供，突发安全事故等。针对参会人员或重要嘉宾缺席情况，要提前做好准备，会前提前与重要嘉宾保持联系，若提前得知与会人员无法出席，需及时快速安排其他人员出席；若会场突发状况与会人员不能出席或发言，则及时调整会议议程，例如增加提问时间，以应对嘉宾缺席。针对大型场地无法供给情况，则需要提前准备好后备方案。

案例分析

释永信缺席泰国少林功夫展演　主办方临时修改屏幕背景

由中泰友好组织举办的“华夏名门少林功夫”展演定于2015年8月2日下午17时在曼谷皇家海军会议中心开幕。中国嵩山少林寺方丈释永信作为重要嘉宾缺席本次会议，导致开幕式前主办方紧急修改即将播放的背景屏幕内容，删除显示有释永信照片的页面和视频。

按照计划，少林寺方丈释永信定于当日出席在泰国曼谷举行的“华夏名门少林功夫”展演开幕式。按照活动计划，释永信泰国之行将持续一周，主要在泰国曼谷、清迈进行交流。此前，少林寺网络部负责人曾向媒体证实，释永信赴泰国的日程安排没有变化，将如期赴泰国。然而，8月1日组织方在少林寺代表团下榻的湄南酒店确认少林寺方丈释永信未能随团如期抵达曼谷，而是由少林寺首座释永福大师率团抵泰。

8月2号，记者提前三个小时赶到开幕式现场看到，工作人员正修改即将播放的屏幕背景内容，删除一些显示有释永信照片的页面和视频。泰国华人青年商会总干事黄成先生表示，“此次活动已经筹备数月，8月1日获悉释永信法师无法来泰参会，现在要临时修改背景视频，将所有显示释永信影像的内容删除”。

请思考：会议现场工作人员是如何进行现场协调的？

拓展提高

会议组织的一般程序

会议的组织程序有多种多样，根据会议的规模、形式、所要达到目的采用不同的组织程序。

一、会前的准备工作

（一）制定会议方案

制定会议方案就是根据会议要解决的问题和会议目标，对计划召开的会议所做出的总体性规划。

（二）会议经费预算

会议经费预算是会议主办者就计划召开的会议活动的支出（和收入）情况所做出的计划。

（三）会议报批

会议报批是会议组织者对计划召开的会议办理请示和批准手续的过程。

（四）组建会议机构

在实际工作当中，有两种形式的会议工作机构，即会议常设工作机构和会议临时工作机构。

（五）制定会议筹备方案

会议筹备方案是会议组织者合理安排会议各项筹备和组织的依据。会议筹备方案制定出来以后，经会议领导人员或领导机构批准，在会议工作机构和负责人的组织、协调之下，参与会议筹备和组织的各个方面的工作人员都应按会议筹备方案的安排和规定，共同遵照执行。

（六）确定会议议题

会议议题是提交会议讨论和拟决定的问题，属会议活动的基本要素之一。

（七）拟定与会人员建议名单

拟定与会人员建议名单就是会议秘书人员根据会议议题的需要所提出的、供会议主持人确定出席会议人员时所参考的名单。

（八）发出会议通知

发出会议通知就是由会议组织者将即将召开的会议的基本情况、需与会人员提前了解的事宜告知有关方面或个人的行为过程。

（九）会议报名

会议报名是拟参加会议者在接到会议通知以后，通过特定的方式向会议组织者表示同意参加会议的行为过程。

（十）进行会议编组

在实际会议中，为方便会议活动与会人员交流，一般将与会人员进行编组。编组方法有按地域编组，按行业编组与综合编组。（为了便于与会人员之间的交流，便于取长补短，有意打破地域和行业的界限，将不同地域、不同行业和不同社会身份的人员编入同一组。总之，不管是哪一种编组方法，作为会议编组所应遵循的原则主要有两个：第一，便于会议的活动，便于交流；第二，便于与会人员相互之间的“互补”。）

（十一）撰制会议材料

会议材料是指整个会议过程中所需要的有关文字材料，这里所说的会议材料的撰制，主要是指会前所做的材料起草工作。

（十二）安排会议日程

会议日程是会议的各项活动在会期以内的每一天中的具体安排。在会议日程当中，会议组织者将会议的各项活动按上午、下午和晚上逐日列出，使会议期间的所有活动都有准确的时间相对应。有文字形式和表格形式两种，并以表格的形式最为多见。

（十三）会议的宣传工作

在会议计划中应明确安排好有关的宣传报道工作。使会议达到举行一次、影响四方的效果。这也是现代会议的一个特别功能。

（十四）购买会议用品

所谓会议用品，一般是指在会议进行过程中供与会人员和会议工作人员使用的办公用品。如文具、纸张、簿册、记录材料（录音带、录像带、胶卷等）、布置会场用品、纪念用品和接待会议来宾的用品等。

（十五）预定会议场所

（十六）会场布置

会场布置就是根据会议的形式和内容，在会场现有条件的基础上，对会场做出必要和适当调整的工作。

为了会议主题要进行主题性布置。会场的主题性布置的内容包括会标、会徽、台幕、会场标语及主席台和会场布局等。

在实际的会议活动中，凡大型会议和一些具有特别内容及要求的会议，在对会场进行了一些主题性的布置之后，还要对会场内的扩音、录音、照明、投影、幻灯等设备和器材进行安装、调试和布置。

为装饰会场，渲染特定的气氛所进行的布置，通常是指用旗帜、花卉、灯饰、工艺品陈设等，对会场所施加的装饰。

（十七）会场布局

在设计会场的布局时，在从场地的实际情况出发的前提之下，应尽量做到与会议的主题相一致。在安排会议时，会场布局因会议的形式、内容、会议场所的实际条件不同而有各种各样的可供采用的方案。

（十八）会场座区

为便于会议进行及与会人员识别，在会场内为不同的与会人员划定的不同的就坐区。常见的有以下三种：（1）以参加会议的人员所在的区域、组织、部门及所组成的代表团（组），来划定坐区；（2）按照与会人员在会议中的不同身份来划分坐区，如将不同的坐席分作“正式代表席”、“列席代表席”、“特别代表席”等；（3）将会场分作前区、中区、后区或1区、2区、3区等，甚至还可以根据入场券的颜色来划定坐区，如将会场分作“红票区”、

“绿票区”、“黄票区”等。

(十九)主席台座次

主席台座次排列规律是以台上就坐的最高领导人居中,然后,依先左后右的次序向两边顺延。如果主席台上有多排坐位,后排坐位也是如此排列。

(二十)制作会标

会标是显示会议名称的标志,在会场中布置于与会议主席台处于同一方位的适当位置,属于会议场所的主题性布置项目之一。

(二十一)制作坐签

会议坐签一般是为主席台就坐人员、为一些有较高级别的领导人员参加的会议及各种宴会、招待会标明坐次、引导与会人员就坐时使用。

二、会间的组织和调度工作

(一)会议报到

会议报到是会议组织工作和与会人员参加会议活动的一个必要程序。人员在办理报到时,应出示会议所规定的身份证明、报到凭证一类的材料(书面通知等),并按照会议组织者的要求进行相应的登记。会议组织者在证实了报到者的身份之后,即可向其发放会议文件、会议证件和会议所需的票券、用品等。

(二)会议服务

1. 会议生活服务

主要包括:住宿服务;膳食服务;交通服务;个人卫生及环境卫生服务;医疗保健服务;邮政通信服务;文化娱乐服务;购物服务等。

2. 会议特别服务

会议的特别服务通常有以下各项:向具有特别需要的与会人员提供特别的接送服务;对在饮食方面有特别要求的与会人员提供特别用餐服务;对具有特别需要的与会人员提供特别购物服务;对特别与会人员的随员和家属提供观光游览服务;对特别与会人员寻亲访友提供查询和接待服务;为与会人员在会间临时商定的洽谈活动提供场地和相关服务;为与会人员提供会议材料邮寄服务;对个别与会人员的会后暂住提供代办服务等。

3. 会议现场服务

会议现场服务是与会人员到达会议场所后,到会议正式开始之前,会议组织者所应向与会人员提供的各项服务。

(三)会议安全保卫

(四)会议入场凭证

(五)会议签到

会议签到是与会的特定人员以特定的方式向会议组织者显示自己已进人会场正式参加会议的行为过程。

(六)会议记录

任何会议活动都需要进行记录,都应该把会议的过程和成果利用适当的形式记录下来。

(七)会议简报

编制会议简报不是所有的会议活动都要进行的一项工作,而只有在一些比较重要的、会期较长、会议人员分组较多的情况下才被使用。

三、会后的整理服务工作

(一)编写会议纪要

(二)整理有关会议文件

(三)会议善后工作

(四)会后新闻报道工作

(五)会务总结

思考练习

一、判断题

1. 会议组织方需要把会议环节,物料准备,任务分工等进行全面分解,并尽可能细化每一个环节,做到没有大环节,只有小步骤的程度。(　　)
2. 组织协调参展商入场布展,注意协调各展商与场馆之间的配合,协调缓解各展商之间可能发生的摩擦。(　　)
3. 现场协调小组的组建最好在开展前一个月的协调会之前,方便协调会时将应急处理小组主要负责人介绍给各个部门,以便应急处理小组在现场工作中得到各个部门的必要支持。(　　)
4. 现场彩排是会议现场组织的必经的环节,组织方必须对设备所用的各种道具、物料进行现场查看、调试,确定要求,确保无偏差。(　　)
5. 根据参会人员的喜好,预定各种形式的餐会包括西餐、中餐、自助餐、宴会。餐饮安排通常有两种形式自助餐或者围桌餐。(　　)

二、案例分析

数年前,首届香港潮流商品(广州)展览会在广州锦汉展览中心举行。数万广州市民闻讯

前来疯抢低价港货,展会成了集贸市场,现场窘况不断。展会伊始,凡出示一张名片即可免费获得一张“专业买家证”,短短半个小时就“无门槛”地发放了300多张买家证。加之第一批持票入场的数千名参观者,因此刚一开展,馆内人流量就意外封顶,不得不暂停买家登记,并停止办理新证。

中午12时30分,2 000多人排队候场,人龙变得焦躁不安、抱怨声不绝于耳。突然,一阵骚动,人龙变作人浪,2 000人你推我我挤你地随着人流向展馆入口方向快速涌动,犹

如决堤的洪流以排山倒海之势，顿时人浪冲断了隔离带，夹杂着此起彼伏的尖叫声、呼喊声破门而入。

现场维持秩序的保安人员眼睁睁望着，无力阻拦也顾不上阻拦，扭头往边门处逃。身在现场的香港主办方工作人员惊呆了，缓过神后大呼“始料未及”。据了解，昨日展会开幕不到一小时，即涌入了超过5 000人，主办方出于安全因素考虑，一度采取“限时分流”方式进场。香港贸发局传媒及公共事务经理关永祥昨日告诉记者：“人气太旺，让我们既惊又喜！”他表示，特卖展位多分布在展馆门口区域，这是导致人流过于集中的主要原因。为此，主办方决定于今天起启用二楼展厅，把特卖商品分流上去，这样参观人流会相对分散。同时，会增加一倍安保人员，并在展馆门口增设两倍分流铁码，以加强保安方面的力量。

请思考：

1. 香港潮流商品（广州）展览会为何会出现现场混乱现场？

2. 主办方是如何进行现场协调的？

单元要点归纳

- 会展现场协调服务
  - 展览会入场协调服务
    - 展览会现场入场协调程序
    - 展览会现场入场协调的重点服务内容
  - 会议现场协调服务
    - 会议现场协调程序
    - 会议现场入场协调重点服务内容

参考书目

1 杨俊. 新型实用公共关系[M]. 北京:经济科学出版社,2010.

2 杨俊. 新型实用公共关系教程[M]. 北京:高等教育出版社,2014.

3 高源,谢浩萍. 会展公关礼仪接待实务[M]. 上海:格致出版社,2009.

4 杨林,张跃西. 会展服务项目教程[M]. 重庆:重庆大学出版社,2012.

5 许传宏. 会展服务与现场管理[M]. 2 版. 北京:中国人民大学出版社,2013

6 薛莹. 会展项目管理[M]. 北京:教育科学出版社,2013

7 王斌. 会展礼仪实训教程[M]. 重庆:重庆大学出版社,2012.

8 邹建华. 外交部发言人揭秘[M]. 北京:世界知识出版社,2005.

9 刘松萍. 会展营销[M]. 重庆:重庆大学出版社,2012.

10 王春雷,梁圣蓉. 会展与节事营销[M]. 北京:中国旅游出版社,2010.

11 赛来西·阿不都拉. 公关专题活动与经典案例[M]. 杭州:浙江大学出版社,2014.

12 陈一收. 大型活动公关[M]. 北京:北京大学出版社,2010.

13 刘沁易,王文青. 公共关系[M]. 北京:中国商业出版社,2015.

14 曹勇. 会展政策与法规[M]. 重庆:重庆大学出版社,2014.

15 李键泉,季永青. 会展政策与法规[M]. 2 版. 大连:东北财经大学出版社,2012.

图书在版编目（CIP）数据

会展公共关系/焦玉翠主编. —济南：山东科学技术出版社，2016.12

ISBN 978-7-5331-8219-9

Ⅰ. ①会… Ⅱ. ①焦… Ⅲ. ①展览会—商业管理—公共关系学—中等专业学校—教材 Ⅳ. ①G245

中国版本图书馆 CIP 数据核字(2016)第 091934 号

会展公共关系

主编 焦玉翠

主管单位：北京出版集团有限公司
山东出版传媒股份有限公司
出 版 者：北京出版社
山东科学技术出版社
地址：济南市玉函路 16 号
邮编：250002 电话：(0531)82098088
网址：www.lkj.com.cn
电子邮件：sdkj@sdpress.com.cn
发 行 者：山东科学技术出版社
地址：济南市玉函路 16 号
邮编：250002 电话：(0531)82098071
印 刷 者：山东金坐标印务有限公司
地址：莱芜市赢牟西大街 28 号
邮编：271100 电话：(0634)6276023

开本：787mm×1092mm 1/16
印张：10.5
字数：242 千
印数：1-2000
版次：2016 年 12 月第 1 版 2016 年 12 月第 1 次印刷

ISBN 978-7-5331-8219-9
定价：22.80 元